FACULTÉ DE DROIT DE TOULOUSE

# DE LA DOT

ET SPÉCIALEMENT

## DE SA RESTITUTION

EN DROIT ROMAIN ET EN DROIT FRANÇAIS

# DISSERTATION

Présentée à la Faculté de Droit de Toulouse
pour obtenir le grade de Docteur

PAR

### Alexandre STEKERT

(Né à Varsovie)

TOULOUSE

IMPRIMERIE DOULADOURE

ROUGET FRÈRES ET DELAHAUT, SUCCESSEURS

Rue Saint-Rome, 39

—

1871

FACULTÉ DE DROIT DE TOULOUSE

~~~~~~

# DE LA DOT

## ET SPÉCIALEMENT

## DE SA RESTITUTION

### EN DROIT ROMAIN ET EN DROIT FRANÇAIS

# DISSERTATION

Présentée à la Faculté de Droit de Toulouse
pour obtenir le grade de Docteur

PAR

### Alexandre STEKERT

(Né à Varsovie)

TOULOUSE

IMPRIMERIE CH. DOULADOURE,

ROUGET FRÈRES ET DELAHAUT, SUCCESSEURS

rue Saint-Rome, 39

1871

# FACULTÉ DE DROIT DE TOULOUSE.

MM. DUFOUR ✻ , *doyen*, professeur de Droit commercial.
RODIÈRE ✻ , professeur de Procédure civile.
MOLINIER ✻ , professeur de Droit Criminel.
BRESSOLLES ✻ , professeur de Code Civil.
MASSOL ✻ , professeur de Droit romain.
GINOULHIAC, professeur de Droit Français, étudié dans ses
        origines féodales et coutumières.
HUC , professeur de Code Civil.
HUMBERT, professeur de Droit Romain.
POUBELLE, professeur de Droit Civil.
ROZY , professeur de Droit Administratif.
BONFILS , agrégé.
ARNAULT, agrégé.
DELOUME , agrégé.
CONSTANS , agrégé.

M. DARRENOUGUÉ, Officier de l'Instruction publique, secré-
taire, Agent comptable.

Président de la thèse : M. HUMBERT.

Suffragants :
{
MM. DUFOUR , *doyen*.
BRESSOLLES ,
GINOULHIAC ,
DELOUME , agrégé.
}
*Professeurs.*

A MON PÈRE, A MA MÈRE

A MES MAITRES

DE LA FACULTÉ DE TOULOUSE

A MES PARENTS

A MES AMIS

# PRÉFACE

En traitant du régime dotal sous l'une de ses faces, mon intention n'est point de faire la critique de la communauté dont je reconnais les grands avantages, car si elle ne garantit pas assez la position de la femme et des enfants, elle est au moins plus conforme à cette communauté d'intérêts et d'affections qui caractérisent le mariage chrétien par excellence.

J'ai voulu seulement m'attacher à une matière qui, puisée dans le Droit romain, y trouve naturellement sa fidèle interprétation, et faire ainsi mieux ressortir l'importance de son étude.

Nous divisons notre travail en quatre parties :

La première partie sera consacrée au Droit romain.

Nous exposerons des notions générales sur la dot, et ses différentes espèces; et nous en développerons tout spécialement la *restitution*.

Dans la seconde partie nous traiterons de la dot et de sa restitution dans l'ancien Droit français

La troisième partie sera consacrée au Droit français moderne.

Enfin, la quatrième partie contiendra un exposé sommaire des différentes législations étrangères concernant le mariage et la dot.

# ARTICLE PRÉLIMINAIRE.

---

## De l'origine de la dot.

---

### INTRODUCTION.

Le nom, les origines de la dot et l'usage de constituer des dots aux filles et veuves qui se marient remontent à l'antiquité la plus reculée (Varro, de L. L., lib. 4; éd. B., p. 43. Festus, v. *Dotem*). D'après la Genèse, c'était à l'homme qui se mariait à doter la fille qu'il épousait. C'est une loi encore observée chez les Juifs que le mari dote sa femme. Lycurgue, roi des Lacédémoniens, établit, dit-on, la même loi dans son royaume, et cet usage a encore lieu dans presque toute l'Asie : c'était aussi la coutume chez tous les habitants du Nord. Lors de la découverte de l'Amérique, on a trouvé que, chez les peuples non policés, l'usage était aussi que le mari dotait sa femme. Dans les pays plus civilisés on avait assujetti le mari à doter sa femme. Les Goths accordaient pour dot à la femme un dixième sur les biens de son mari ; chez les Lombards c'était le quart ; en Sicile, le tiers. César, en ses *Commentaires*, parlant des mœurs des Gaulois (1), dit que la femme apportait à son mari, en dot, un capital d'argent, que celui-ci, de son côté, prenait sur ses biens une valeur égale à cette dot, que tout était en commun et appartenait au survivant des conjoints ( César, *de Bello Gallico*, 620. )

On peut voir sur ce détail des mœurs primitives de l'Amérique, Robertson, *Histoire de l'Amérique*, liv. 6.

Après que les Francs eurent fait la conquête des Gaules, ils permirent aux Gaulois de suivre leurs anciennes coutumes ; eux-mêmes restèrent fidèles à celles des Germains, d'où ils tiraient leur origine, et qui étaient dans l'usage d'acheter leurs femmes, tant veuves que filles ; le prix était pour les parents et pour le roi (Saumaise, *de Usuris*, p. 145-6 ),

Suivant le titre 46 de la loi salique, les femmes donnaient seulement aux maris quelques hardes, mais non des terres ni de l'argent, c'était, au contraire, les maris qui dotaient leurs femmes. Tel fut l'usage observé par les Francs sous la première et la seconde race des rois. L'empereur Majorien, par une de ses Novelles, avait déclaré nuls les mariages qui seraient contractés sans dot (v. T. 6, p. 383 de la trad. de M. Guizot ). Justinien modifia cette loi, et ordonna qu'elle n'aurait lieu que pour certaines personnes ( qu'il indique dans la Novelle 2, chap. 4 ).

Les papes suivirent les mêmes exemples et ordonnèrent aussi que les femmes seraient dotées. L'Eglise gallicane, qui appliquait à ses clercs plusieurs règles du Code Théodosien et des Novelles qui sont imprimées avec le

(1) V. M. Humbert, revue hist. de Droit, 1857. *Du régime nuptial des Gaulois.*

Code , suivait la loi de Majorien, et ordonnait, comme les papes, que toutes les femmes qui se marieraient seraient dotées ( *Nullum, sine dote, fiat conjugium; juxta possibilitatem fiat dos.* Dec. , 2 pars, caus. 30, quest. 6 ).

En France, les dots ayant été ainsi requises dans les mariages, les prêtres ne donnaient point la bénédiction nuptiale à ceux qui se présentaient sans être certains auparavant que la femme était dotée : on avait cru que les mariages se faisaient avec plus d'union et que les femmes en vivaient plus heureuses. Ce fut aussi pour distinguer le mariage du concubinat que le Concile d'Arles, tenu en 525, fit de la dot une condition du mariage; mais on sait qu'à cette époque le clergé obéissait à la loi romaine; il n'est donc point surprenant qu'il ait suivi les lois de Majorien (Ces lois sont au nombre de neuf; elles sont à la fin du Code théodosien ).

Scherchés, auteur anglais, dont les opinions sont d'un très-grand poids, observe que, partout où l'on acquiert les femmes leur condition est infiniment malheureuse, qu'elles deviennent les esclaves de celui qui les a achetées. Il ajoute que cette observation se vérifie dans tous les pays du monde où la même coutume s'est établie; que chez les peuples qui ont fait quelques progrès dans la civilisation, ces femmes sont renfermées dans des appartements séparés, où elles vivent sous la garde vigilante de leur maitre; que dans les pays barbares elles sont condamnées aux plus viles occupations.

Nous n'allons pas décider ici quelle est la coutume la plus avantageuse, ou que le mari dote sa femme aux dépens de ses biens, ou que celle-ci lui apporte une dot. Nous nous contenterons de remarquer que, dans l'usage actuel, il n'est pas de l'essence du mariage que la femme apporte une dot à son mari; mais comme le père devait un établissement et une légitime à ses enfants, depuis bien du temps on pratique en France l'usage de constituer des dots aux filles en faveur de leur mariage (1).

(1) On pourra consulter, sur la matière de cet article préliminaire, M. Pellat, *Textes sur la dot* ; les *Recherches sur la condition civile et politique des femmes*, depuis les Romains jusqu'à nos jours, par M. Laboulaye; l'*Histoire du régime dotal et de la communauté en France*, par M. Ginoulhiac; la préface du *Commentaire du titre du contrat de mariage*, par M. Troplong, et enfin, un savant livre couronné par l'Académie des Sciences morales; *Etude sur la condition privée de la femme*, par M. Gide, agrégé à la Faculté de Droit de Paris.

# DROIT ROMAIN.

## Caractère de la dot en Droit romain (1).

## PREMIÈRE PARTIE.

### DE LA DOT DANS L'ANCIEN DROIT ROMAIN.

On entendait par *Dos res uxoria* (2) toute valeur apportée au mari par la femme ou en son nom pour supporter les charges du mariage. Le régime dotal paraît s'être introduit à Rome vers le vi° siècle, *urbis cond.*, à la suite du contact avec la Grèce, et lorsque les mariages avec *manus* devinrent plus rares, car ici la femme, si elle était *sui juris*, apportait toute sa fortune au mari, et, dans tous les cas, devenait *loco filiæ*, ne pouvait sti-

---

(1) M. de Savigny, *System des heutigen Römischen Rechts*, t. ii, p. 113-118.

(2) J. Finestres et de Monsalvo *de jure dot.* lib. v. Cervar, 1754, 4; E. Schenk *das recht der dos vor Justinian.* Landshut, 1812, 8; Hasse a. a. J. § 58, *und im Rein mus* B. ii. § 75; F. W. v. Tigerström, *das Röm dotalrechts*, 2-13, Berlin 1831-1833, 8.

puler la restitution à son profit (1). Déjà, du temps de
Plaute, la fille sans aucune dot était réputée *illocabilis*, et
la dot était une manière indirecte d'encourager les mariages (Burchardi *Grund.*, p. 144 et suiv.), l. 1, de Sol,
matr. (24, 3). L. 18. D. reb. auct. jud. (42, 5). Il est
difficile de faire à cet égard une distinction entre la *dos* et
l'action *rei uxoriæ*. « *Rei uxoriæ actiones et cautiones* »
n'ont pas été connus, comme il parait, aux cinq premiers
siècles de Rome, et, comme l'a dit Servius Sulpicius dans
un livre *de dotibus* (Gell. iv. 3. Hugo, p. 114 et suiv. ),
ce n'est qu'à partir du divorce de Sempronius Carvilius
Ruga, en 519, qu'elles étaient nécessaires pour garantir
la restitution de la dot (S. W. Zimmern, *Geschichte
des Römischen privatrechts bis Justinian* Heidelberg 1826,
§ 2, p. 572).

Mais déjà, à partir du viie siècle de Rome, eut lieu,
pour garantir la restitution de la dot après la dissolution
du mariage, une obligation formelle, d'où est née l'action
*rei uxoriæ*, sans que l'origine de ce changement soit
connue.

Nous aurons à parler sommairement :

1° De la constitution de la dot ;

2° Des droits du mari, et plus longuement ;

3° De la restitution de la dot ;

4° De la comparaison des actions *rei uxoriæ* et *ex stipulatu.*

## A. — DE LA CONSTITUTION DE DOT (2).

La constitution de la dot devait aussi remonter, à Rome,
aux temps les plus anciens. En droit romain pur, le ma-

(1) Cependant, plusieurs auteurs admettent la compatibilité de la dot
avec la *manus*. V. notre savant maître, M. Ginoulhiac, *du Régime
dotal.*

(2) V. Burchardi. ii. p. 289.

riage libre pouvait avoir lieu *sine dote*, bien que ce fût rare. Alors les époux étaient mariés sous un régime de séparation de biens complet, et le mari supportait seul les charges du mariage; alors il pouvait s'associer avec sa femme (Fr. 55, § 2, D. 23,3). Mais ordinairement, il y avait un *instrumentum dotale*; du reste, la dot pouvait précéder ou suivre le mariage (Paul Sent. II, 21, 1).

Selon les principes indiqués par Ulpien (Reg., tit. VI), la dot était *donnée*, *dite* ou *promise*. Dans le premier cas, il y avait transport des choses corporelles par les voies ordinaires; dans le second cas *dicta* par la femme, son ascendant paternel ou un débiteur délégué (§ 2, Ulp.). Il en reste des traces dans le Digeste (Fr. 44, § 1, et 46 de Jure dot. 23,3 et Fr. 31, § 1, de Novat., 46,2). La promesse pouvait émaner de toute personne, et se faire par stipulation. Ajoutons que la femme pouvait, par *acceptilation*, constituer une dot à son mari débiteur (Fr. 41, § 2 et 43. D. de jure dot. 23,3). Un tiers pouvait aussi faire un legs à titre de dot (Fr. 48, § 1 de jure dot.; Fr 71, § 3 de condit. 35,1). Enfin, au bas-empire, la simple promesse acceptée d'une dot devint un *pacte légitime* muni de *condictio* (Const. de Théod. II, et Valent. III. (L. 6, Cod. Th. *de Dotibus* III 13, rendue en 428). (L. 6, C. Just. *de dot.* prom. 5, 11).

La constitution de la dot n'était pas nécessaire pour la validité du mariage, quoiqu'elle fût exigée par les empereurs chrétiens pendant un court intervalle (Dans la Novelle de Valentinien III, tit. 12, la dot est élevée au rang de condition du mariage; il en est de même dans la Novelle de Majorien, tit. 8, mais cela fut abrogé de nouveau par la Novelle, tit. I, de l'empereur Sévère). Cependant, dans certaines circonstances, on y est astreint par une obligation formelle :

1° Par la loi Papia Poppea, le père de la femme était obligé de donner une dot convenable.

2° Par exception, Justinien oblige aussi la mère, lorsque des raisons majeures le demandent, ou lorsque la mère est païenne et la fille chrétienne.

3° La femme est toujours obligée moralement d'apporter une dot; mais Justinien a ajouté non-seulement que le père de famille doit constituer une dot du *peculium adventitium* de la fille, mais que la femme peut y être obligée aussi lorsque le mari lui fait une donation *propter nuptias*.

L'estimation de la dot a pour conséquence que le prix de cette estimation est considéré comme valeur dotale, *dos æstimata*, tant qu'on n'a pas stipulé un autre but de l'estimation. On peut aussi stipuler que les biens possédés déjà par le mari peuvent remplacer ceux qu'il reçoit à titre de *permutatio dotis* (Die Geschichte des Römischen privatrechts von Dr. G. C. Burchardi-Stutgard 1848, p. 259).

## B. — Droits du mari (1).

Ils variaient suivant le mode de constitution qui rendait le mari propriétaire ou créancier. En cas de *datio*, le mari devenait *dominus* des objets corporels (G. ii, 62, 63), et il avait droit à tous les accessoires de la chose (Fr. 3, de *fundo dotali*); il gagnait même les fruits sans obligation de restituer (Fr. 7, § 1, de *jure dot.* 23,3), et avait droit à garantie contre le constituant (L. 1, Cod. *de jure dot.*). Le droit de propriété du mari ne fut limité que par la *lex Julia de fundo dotali*, rendue en 737 de Rome, sous Auguste, à l'effet de donner des garanties morales et matérielles au mariage. Le mari ne put aliéner l'immeuble dotal Italique sans le consentement de la femme, ni l'hypothèquer même de son consentement (Fr. 1 et 4 de D. de *fundo dot.* 23,5).

(1) Burchardi, iii, p. 261.

Je ne crois pas que cette restriction date du S. C. Vel-léien. Toutefois, la prohibition n'atteignait pas les aliéna-tions forcées, opérées *à la suite d'une demande en partage*, ni le cas où le fonds dotal avait été estimé, car le mari était acheteur, et la dot consistait *alors* dans le prix d'es-timation. Remarquons, de plus, que la loi *Julia* n'avait limité en rien le droit du mari sur les meubles dotaux, même les plus précieux (Fr. 49 de jure dot., Fr. 21 de manum. x, 1). Même pour les immeubles italiques, la femme n'était pas devenue propriétaire de la dot; la dette éventuelle du mari s'exécutait en cas de divorce, ou de prédécès, par une translation qui exigeait les modes ordinaires et non pas *ipso jure*. Cependant, quelquefois la femme est qualifiée de propriétaire *improprement* par les textes, en ce qu'elle a un intérêt actuel à l'existence de la dot dont elle profite, et, en outre, à cause de sa créance éventuelle, (Fr. 75 de jure dot. Fr. 41, § 3 de adm. et periculo).

C'est sous Justinien, et sous l'influence des idées chré-tiennes, pour protéger la famille, que la défense d'aliéner fut étendue à tous immeubles dotaux, même provinciaux, et même avec le consentement de la femme. (Just. ii, v, iii pr.; L. 1, Cod. § 15 de rei ux. act. 5,13).

En droit romain, *la femme dotale* n'était pas plus incapable qu'une femme mariée sans dot. Il est vrai qu'on interdisait de lui faire toute restitution anticipée de la dot et tout pacte avec le mari pour la *compromettre*. En conséquence, elle ne pouvait lui faire remise entre-vifs de sa dette dotale (Fr. 5, § 10, *de Donat.*, D. 24,1); mais elle aurait pu céder sa créance dotale à un tiers (Fr. 3, § 5 *de minor.*, 10,4), et même son hypothèque conventionnelle (L. 2, Cod. Just. iv, 29, ad. S. C. Velleian); seulement, le *privilegium personale* était incessible. Ensuite, le S. C. Velléien ne lui permettait pas *d'intercedere pro alieno* (Fr. 1, .xvii),

et les dons entre époux étaient révocables et caducs par prédécès ( Fr 32, D. 24,1 ).

A cet égard, voici le système de Burchardi ( L. C.,
p. 261). Le mari ne peut demander la dot avant que le mariage ne soit contracté, et s'il l'a reçue avant, la dot re-
prendra, à partir du jour de la célébration du mariage, la
qualité dotale à laquelle sera ajouté l'intérêt échu pendant
le temps intermédiaire. Le mari a droit, pendant le mariage, non-seulement aux fruits de la dot, mais il devient
propriétaire des objets dotaux, et cela d'une manière tel-
lement évidente, que l'abandon de la dot à la femme étant
considéré comme une donation, n'oblige point cette dernière, excepté si l'abandon a été fait dans le but de payer
les dettes de la femme, d'acheter un fonds nécessaire,
*prædia idonea*, de nourrir la femme avec les siens, ou de
les racheter de captivité.

Il existe pourtant une restriction particulière, à savoir,
que le mari, sauf quelques cas exceptionnels, ne peut
aliéner le fonds dotal sans l'autorisation de la femme; restriction que la loi *Julia de fundo dotali* a introduit pour les
seuls fonds italiques, mais que Justinien a étendu à tous
les fonds en général. A la mort du mari, la dot passe à
ses héritiers, et, en cas d'une autre succession à tous
biens, elle passe aussi aux autres successeurs. Mais si le
mari est soumis à la puissance paternelle, son père de
famille a droit sur la dot, et ce n'est qu'après la mort de
ce dernier que la dot retourne sous le pouvoir exclusif du
mari. La femme n'a aucun droit sur la dot pendant le mariage, si ce n'est une sorte de propriété *tacite*, et s'il arrive pourtant que la dot appartient exclusivement à la
femme, ce n'est que dans le but essentiel de subvenir à
ses besoins, et comme garantie de son entretien; on rentre
dans la règle lorsque la femme survit.

On se fonde sur les raisons suivantes :

1° Que la constitution de la dot, faite par ceux qui n'y sont pas légalement obligés, est considérée comme libéralité faite de la femme, tandis que la dotation n'est jamais considérée comme une libéralité faite en faveur du mari.

2° Que la femme peut demander la compensation au cas où quelqu'un lui aurait donné en dot des choses appartenant à autrui; le mari, au contraire, ne peut demander que la *dos æstimata*.

3° Que la femme, établit valablement son droit lorsqu'elle a une préférence sur le fonds dotal.

4° Enfin, que la femme, en cas de l'appauvrissement du mari, peut demander l'administration de la dot.

Le système précédent nous paraît préférable.

## C. — DE LA RESTITUTION DE LA DOT APRÈS LA DISSOLUTION DU MARIAGE.

En principe la restitution de la dot n'a lieu qu'après la dissolution du mariage, sauf quelques exceptions (v. l. 21, § 1, *in fine*, D. *de Don. int. vir. et ux.* l. 4. D. *de pact. dot.* l. 28, h. t. l. 28, h. t. l. 73 et 20, D. *sol matr.* l. 66, § 6, D. h. t.).

C'est une conséquence conforme au texte de Paul (Com. sur Sab. liv. xiv, l. 1, D. (23, 3, *de jure dot.*) où ce jurisconsulte dit : « *Dotis causa perpetua est, et cum voto ejus, qui dat, ita contrahitur, ut semper apud maritum sit.* »

Ce texte est tiré d'un passage où Paul s'occupait de la *justa causa* requise pour que la tradition transfère la propriété ou conduise à l'usucapion. Pour produire cet effet, la cause doit être *perpetua*, comme est la vente, et non *temporaria*, comme est la location.

2

Le vendeur qui livre à l'acheteur la chose vendue, lui livre *in perpetuum;* le locateur, qui livre au preneur la chose louée, ne la lui livre que pour un temps.

Celui qui livre une chose au fiancé ou au mari, pour la lui constituer en dot, la livre-t-il pour une cause perpétuelle ou pour une cause temporaire? On pourrait croire que c'est pour une cause temporaire, puisqu'elle est livrée pour soutenir les charges du mariage, et qu'elle est ordinairement restituée par le mari à la dissolution du mariage. Mais Paul répond, qu'il y a ici une *causa perpetua* parce que cette perpétuité est dans le vœu du constituant; on peut ajouter, qu'en fait la dot reste souvent au mari à perpétuité, puisqu'il n'est tenu qu'éventuellement à la restitution.

Rien ne s'oppose donc à ce qu'il devienne propriétaire des choses données en dot, qualité parfaitement conciliable avec celle de débiteur de ces choses, surtout de débiteur éventuel.

Ce qui montre que tel est le sens de ce texte, c'est que, dans la loi xiv d'où il est tiré, Paul traitait de l'acquisition de la propriété (v. l'*inscriptio* de la loi 24 et de la loi 26, D. *De acq. rer. dom.*), et que, dans le livre suivant il traitait de la possession et de l'usucapion (v. l'*inscriptio* de la loi 30, loi 32, D. *de adq. pos.* et loi 4, D. *proderel.*).

La destination de la dot est de fournir de la part de la femme une contribution aux charges du mariage; c'est à cette fin que les choses données passent dans la propriété du mari.

Cette destination subsiste pendant toute la durée du mariage, *dotis causa perpetua est.* De là la conséquence que le mari ne peut pas être obligé à la restitution de la dot durant le mariage. Mais les législateurs romains sont allés plus loin, par suite de cette considération qu'il est d'intérêt public de conserver aux femmes leurs dots afin qu'elles puissent se remarier (l. 2, D. *de jure dot* (23, 3), considération très-importante dans un état où le divorce était si fréquent, la restitution de la dot durant le mariage fut interdite au mari, sauf quelques cas déterminés par la loi (v. sup.).

### § I. — *Quand la restitution est-elle due ?*

La restitution de la dot est due en règle générale à la dissolution ; mais il y a plusieurs cas qu'il importe de distinguer.

D'abord il peut arriver qu'un individu, quel qu'il soit, l'ait stipulée pour l'époque de la dissolution, alors la dot est dite *receptitia* et sera réclamée par l'action *ex stipulatu* (Ulp. vi, 5, Reg.), pour tel cas ou tous les cas de dissolution du mariage. Au moment de la *datio*, même un simple pacte était obligatoire, et pouvait donner lieu après la dissolution, soit à la *condictio sine causa*, soit à l'action *præscriptis verbis* (l. 1, Cod. 5, 14, § 6, Cod. 5, 12), à moins qu'il ne s'agit du père ou de l'ascendant qui serait censé avoir réglé par pacte son droit à la dot *profectice* (Fr. 6, D. *de jur. dot.* 23, 3), par l'action *rei uxoriæ*. A cet égard, il faut distinguer comment le mariage s'est dissous : par le divorce ou le décès du mari, ou bien par le prédécès de la femme.

*a.* Si le mariage s'est dissous par le divorce ou le décès du mari, en un mot, toutes les fois que la femme existe après la dissolution, elle a droit *jure communi* à la restitution qui doit lui faciliter les secondes noces. Comme elle a besoin de sa dot pour la donner à un nouveau mari, cette dot peut être redemandée par elle ou par son père de concert avec elle. Si à cette époque la femme n'existe plus, ou si depuis elle est décédée avant la demande formée, le mari qui a reçu la dot la garde, puisque toute destination semblable en faveur de la femme est désormais impossible. L'action *rei uxoriæ* ne passe donc pas aux héritiers de la femme ou du père, à moins qu'elle n'ait déjà été intentée.

Toutefois, il n'est pas nécessaire qu'il y ait eu *litis contestatio;* il suffit que le mari ait été mis en demeure (Ulp. Frag. 5, vi, § 7 ; Frag. Vat. § 95, 7 et 112).

Si la femme est sortie de puissance, elle a elle-même l'action en répétition de sa dot; si elle est sous la puissance de son père, il a cette action conjointement avec elle, et il importe peu que la dot soit profectice ou adventice (Ulp. Frag. 5, 6, § 6). Cette décision d'Ulpien comprend toutes les femmes; et même l'affranchie qui, du consentement de son patron, l'avait quitté, pouvait répéter contre lui la dot qu'elle lui avait donnée. Et celle qui s'était remariée depuis le divorce, pouvait intenter l'action de la dot contre son premier mari. La femme qui était hors de puissance pouvait donc régulièrement intenter seule cette action, et son père conjointement avec elle, en cas qu'elle fut fille de famille.

*b.* En cas de dissolution par le prédécès de la femme, le mari gagnait la dot (Ulp. Reg. 6, 4).

Dans ce cas, il faut encore sous-distinguer entre la dot profectice et la dot adventice.

Si la dot est profectice elle retourne à l'ascendant qui l'a fournie de ses biens, mais le mari retient autant de cinquièmes qu'il y a d'enfants et cela *in infinitum* (Ulp. Fr. 6, Reg. 4; Frag. Vat. § 108). Les jurisconsultes ont interprété ces mots *in infinitum* d'une manière différente. Cujas (*in tit. de rei ux. act.* t. ix, p. 468), observant qu'il serait impossible que le mari retînt autant de cinquièmes pour chaque enfant quand il y en aurait plus de cinq, pense qu'il faut calculer cette *quinta* comme on calcule la

*quarta* qui doit être laissée à chaque enfant pour exclure
la *querela inofficiosi testamenti*. Selon lui, le mari garde
*pro liberis* le cinquième de la part que chacun des enfants
aurait dans la dot, si elle était restée tout entière chez
le père et leur avait été transmise. Par conséquent, son
calcul revient à dire que le mari retiendra un cinquième
de la dot quel que soit le nombre des enfants; ce qui ne
peut être le sens du texte qui parle non d'un cinquième,
mais de cinquièmes en nombre progressif (v. Pellat. Textes
sur la dot, p. 8).

Suivant Pothier (Pandect. tit. sol. matr. nº 1) on opè-
rera ainsi : pour le premier enfant on déduira le cinquième
de la dot entière; pour le second, le cinquième du restant
et ainsi de suite à l'infini. Sans doute, en procédant ainsi
on pourra littéralement pousser l'opération jusqu'à l'infini.

Mais est-ce bien ce procédé compliqué que le jurisconsulte romain avait en vue?

M. Pellat (v. loc. cit.) croit qu'il veut dire tout simplement que le mari retiendra autant de cinquièmes qu'il y a
d'enfants sans s'arrêter jusqu'à l'épuisement de là dot qu'il
gardera toute entière s'il y a cinq enfants ou plus, et cela
par opposition au cas prévu dans le § 10 où le mari retient un sixième, quel que soit le nombre des enfants.
*Infinitum* signifie ici non pas précisément *infini*, mais *illi-
mité*, c'est-à-dire sans limite légale, sans autre limite
que celle qui résulte de la nature des choses, qui ne permet pas de prendre plus de cinq cinquièmes dans un
entier.

Paul (Frag. Vat. 188) rapporte aussi la règle qui nous
occupe. Si, au moment où la mort de la femme met fin
au mariage, l'ascendant qui a constitué la dot n'existe
plus, la dot reste au mari. L'action *rei uxoriæ* personnelle et de bonne foi ne passe aux héritiers soit de la
femme, soit du père, qu'autant que le mari a été mis en
demeure par leur auteur.

Si un aïeul a donné une dot à son gendre pour sa petite-fille née de son fils, et s'il meurt, Labéon, d'après Servius, décide qu'elle ne retourne pas au père; car la dot ne peut pas être réputée profectice par rapport au père, puisqu'il n'a jamais eu à lui rien de ce qui la compose.

Pothier (Pandect, tit. sol. matr. nº 2) dit : « que cette décision de Servius et de Labéon paraît être fondée sur les principes rigoureux du droit d'après lesquels une dot n'est profectice qu'autant qu'elle sort des biens ou provient du fait de l'ascendant; or, ici c'est l'aïeul et non le père qui a donné la dot de ses propres biens. »

Mais, poursuit-il, d'après l'équité on peut décider que, l'aïeul dotant sa petite-fille à cause de son fils père de celle-ci auquel incombe en première ligne le devoir de doter sa fille, cette dot sera rendue à celui-ci en considération de qui elle a été donnée. Telle est, en effet, la décision de Celse (l. 6, D. *de collatione bonorum*).

Si la dot est *adventice*, elle reste toujours au mari survivant, hors le cas où celui qui l'a donnée a stipulé qu'elle lui serait rendue ; auquel cas cette dot s'appelle spécialement *receptice* (Ulp. Frag. t. 6, § 5).

La mère est, à cet égard, dans la même position qu'un étranger ; elle n'a pas, comme le père, l'avantage de recouvrer de droit la dot qu'elle a donnée, de même qu'elle n'a pas la faculté de la constituer par *dictio* (Frag. Vat. § 100). Ainsi, le mari garde comme dot adventice la partie de la dot que la mère de sa femme a valablement constituée par *datio*; mais il ne peut pas exiger la partie qu'elle a constituée par *dictio*, parce que la mère ne s'oblige pas valablement de cette manière.

En cas de mort de deux conjoints *eodem momento* (l. 23, § 1, D. *de relig.* (11, 7), la dot *adventice* et même la dot *profectice* en cas de prédécès de l'ascendant qui l'a constituée restent chez les héritiers du mari, car ils devaient en proportion de celle-ci, contribuer aux funérailles. En effet, le mari était débiteur conditionnel, et rien ne prouvait que la condition de la créance se fût accomplie. En outre, le fût-elle, la femme n'avait pu mettre en demeure le mari pour transmettre l'action à son héritier ( Ulp. Reg. 6, 7).

Un seul cas fait exception à la règle, que le mari gagne la dot après la dissolution du mariage par le prédécès de la femme : c'est celui de la dot constituée par le père ou autre ascendant paternel qui lui est restituée par le mari, si la femme meurt sans avoir divorcé ; l'ascendant a à cet effet l'action *rei uxoriæ.* Ce retour légal est une sorte de faveur, de bénéfice accordé à l'ascendant, *jure succursum est patri,* pour le consoler, *solatii loco,* et ne pas ajouter à la douleur que lui fait éprouver la mort de sa fille, le regret de perdre la dot qu'il lui avait constitué (l. 6 D. *De jure dot.* 23, 3 ).

Mais il y a grande controverse sur les questions suivantes:

I. — *Le constituant pouvait-il encore invoquer le droit de retour quand il avait émancipé sa fille et sa petite fille (1)?*

D'après le droit des Pandectes, à mon avis, la réponse doit être absolument affirmative, et en ce sens milite non-seulement le motif général donné dans la loi 6 *de jure datium* pour ce droit de retour : « *ut filia amissa, solatii loco cederet si redderetur ei dos ab ipso profecta; ne et filiæ amissæ et pecuniæ damnum sentiret;* » mais encore cette considération que, dans les textes où le droit du père est établi *ex professo* sur la dot *profectice,* on ne distingue pas si la femme était fille de famille ou *sui juris.*

(1) Voir sur ce point de Vaugerow, Manuel de Pandectes,

(Comparer indépendamment de la loi 6 citée *supra* Ulp.
Reg. vɪ; Vat. Frag. nº 108). Bien plus, le droit de retour
du père est proclamé dans plusieurs textes des Pandectes
d'une manière décisive, malgré l'émancipation de la fille
(v. L. 71, de evict., 21, 2; l. 10 pr. sal. matr. 23, 3;
et surtout l. 5, de divort. 24, 2, et l. 59, sol matr ).

2º Plus célèbre encore est la question déjà débattue sous
les Glossateurs, (comp. Haënel, Vinnius, p. 40 et s.; 87
et s.; 441 et s.), de savoir : « Si le droit de retour compète
encore au père alors que la femme a laissé des enfants. »

Martinus admettait la négative, tandis que Bulgarus se
prononçait pour le droit du père et confirma sa théorie, à
son grand désavantage, par son propre fait (v. de Savigny
hist. du Droit rom. au moyen-âge, ɪv, p. 83 et s.). Dans la
suite des temps, la pratique adopta plus généralement
l'opinion plus douce de Martinus, bien que les meilleurs
théoriciens s'efforcent dès-lors de soutenir le contraire
(comp. les auteurs cités par Glück xxvɪɪ, p. 205 et s.).
Aujourd'hui encore l'opinion de Bulgarus est généralement
regardée en Allemagne comme exacte, évidemment avec
peu de raison.

En ce qui touche notamment le droit anté-Justinien, il
est certain que la présence des enfants n'exclut pas le
droit du père, puisque le mari était seulement admis à
retenir un cinquième de la dot par enfant (Ulp. Frag vɪ ;
Vat. Frag. § 108).

### § 2. *Quand le mari est-il considéré comme ayant reçu la dot?*

Le mari, en général, n'est tenu de restituer que la dot
qu'il a reçue. Il est réputé avoir reçu non-seulement les choses
qui lui ont été données à lui-même, mais encore celles qui
ont été données à un autre par son ordre (l. 19 D. *de jure
dot.*, Conf. Marcellus, l. 59, h. t.). Mais lorsque la femme
a délégué son débiteur pour promettre la dot au mari,

ce débiteur étant insolvable, le mari devra-t-il néanmoins restituer la dot? En d'autres termes, sur qui est-ce, sur le mari ou sur la femme, que retombera la perte résultant de son insolvabilité ?

La règle générale, en matière de délégation, est que, en cas d'insolvabilité du délégué, le délégataire n'a point de recours contre le déléguant, excepté lorsqu'il a été reconnu expressément ou tacitement que la délégation se faisait aux risques du déléguant, cas auquel le délégataire aura contre le déléguant l'action *mandati contraria* (l. 22, § 2; 45, § 7 D. *mandati*), pourvu toutefois qu'on ne puisse pas reprocher au délégataire de n'avoir pas fait les diligences nécessaires pour obtenir son paiement pendant que le débiteur était encore solvable ; car le mandataire ne peut pas se faire indemniser de ce qu'il a perdu par sa faute. Sur cette règle générale et sur l'exception qu'elle souffre, tous les auteurs sont d'accord.

Le mari qui, sur la délégation de sa femme, a stipulé d'un débiteur de celle-ci, se trouve-t-il dans la règle ou dans l'exception, c'est-à-dire a-t-il pris sur lui les risques de la solvabilité du débiteur, ou ne les court-il qu'autant qu'on peut lui imputer de la négligence dans le recouvrement ?

Sur ce point, les auteurs se divisent :

Les uns (entre autres Warnkonig, *Comm. jure rom.*, § 834, T. III, p. 53 ; Tigerström, Dotal-Recht, § 33, p. 341 et suiv.), pensent que le mari délégataire est dans l'exception. Les autres (p. ex. Mühlenbruch, *Cession des Forderungsrecht*, § 38, p. 425 de la 2e éd.; p. 433 de la 3e éd.; Meyerfeld, Dissert. citée, Rhein-Mus; T. VII, p. 125 et suiv.; Vaugerow, *Pandectes*, § 217), sont d'avis que le mari reste dans la règle générale. On dit, pour la première opinion, que le mari à qui la femme délègue son débiteur pour se constituer une dot n'est pas dans la position d'un créancier à qui le débiteur délègue son propre débiteur pour se libérer de sa dette. Il s'agit pour le créancier de recevoir le paiement de ce qui lui est dû et de libérer son débiteur en prenant à sa place son nouveau débiteur, avec qui seul il aura affaire désormais. Il s'agit pour le mari de recevoir une dot et de s'obliger à la restituer à la femme après qu'elle aura subvenu aux charges du mariage. Or, pour savoir ce que le mari doit restituer, il faut examiner ce qu'il a réellement reçu ou ce qu'il a manqué de recevoir par sa faute ; il est donc naturel qu'il ne coure pas la chance de l'insolvabilité du débiteur délégué. La convention que la délégation se fait aux risques et périls de la femme est donc ici sous-entendue (l. 41, § 3 D., *de jure dot.*).

On dit, pour la seconde opinion, que rien dans les textes relatifs à la délégation *dotis causa*, n'annonce qu'on abandonne la règle : *qui admittit debitorem delegatum, nomen debitoris sequitur ;* qu'il existe même un texte d'Ulpien qui prouve que cette règle y est observée, à moins de convention contraire. (C'est la loi 6. D., *de pactis dotalibus.*)

On argumente ainsi de ce texte : S'il était vrai que la *delegatio dotis causa* est réputée faite aux risques de la femme, on ne dirait pas ici qu'on peut convenir que la créance contre le débiteur qui a promis la dot ne sera pas au risque du mari et sera aux risques de la femme ; ce pacte serait superflu. Malgré la force de ce dernier argument, M. Pellat préfère la première opinion pour les motifs que le point de vue du créancier et celui du mari sont tout différents. Le créancier prend en payant une nouvelle créance en place de l'ancienne, qui est éteinte par novation ; désormais il court la chance de l'insolvabilité du nouveau débiteur. Pour rejeter cette chance sur une autre personne, il faut une convention spéciale. Le mari, au contraire, n'a pas en vue de mettre fin à un rapport antérieur, mais d'en commencer un, de se constituer en recevant une dot, éventuellement débiteur de sa restitution. Il s'agit donc de savoir ce qu'il aura à restituer, et pour cela d'examiner ce qu'il a reçu. A-t-il été payé par le débiteur délégué, il rendra la somme ou la chose qui lui a été livrée. N'a-t-il pas été payé, il rendra ce qu'il a, sa créance contre le débiteur, en faisant cession de son action, à moins qu'on ne puisse lui reprocher de n'avoir pas exigé le paiement dans un moment où le débiteur était en état de le faire.

De même que pour les choses corporelles et les créances, bien qu'il soit devenu lui-même propriétaire et créancier par la délégation, la perte n'est pas à sa charge, sauf également le cas de faute.

Mais la question nous paraît avoir été mal posée, comme le fait remarquer M. Vernet (V. aussi la thèse de doctorat de M. Cantacuzène *sur la novation;* Paris 1855). Le mari est soumis à la règle générale en matière de délégation, en ce sens qu'il n'a pas *en principe de recours contre la femme pendant le mariage* à raison de l'insolvabilité du délégué. Mais la question de restitution à la fin du mariage est toute autre et se règle uniquement par les principes d'équité de l'action *rei uxoriæ.* Le mari n'est jamais tenu que de rendre ce qu'il a reçu, c'est-à-dire la créance, s'il n'a pas été négligent à poursuivre.

§ 3. *A qui le mari doit-il restituer la dot soit profectice, soit adventice, quand le mariage se dissout par le divorce ?*

Il faut distinguer si la femme est *sui* ou *alieni juris.*

Si la femme est *sui juris,* elle a droit de demander que la dot lui soit rendue; elle a à cet effet l'*actio rei uxoriæ* contre le mari et ses héritiers.

De même, si le père émancipe sa fille avant d'avoir exercé l'action, la créance dotale ne continue pas d'appartenir au père comme les autres créances acquises par un fils ou une fille de famille. Elle ne périt pas non plus par cette *capitis diminutio*, comme ferait un usufruit légué *per vindicationem* à un enfant en puissance.

Si la femme est en puissance paternelle, suivant le principe que tout ce que le fils ou la fille de famille acquiert est acquis au père de famille, c'est au père qu'appartient l'action *rei uxoriæ*. Mais, par une dérogation spéciale à ce principe, le père ne peut intenter cette action qu'en s'adjoignant la personne de sa fille (*adjuncta filiæ persona*). Le père ne pourrait pas non plus, sans le concours de sa fille, recevoir valablement la dot que le mari lui restituerait volontairement. Cette dérogation unique au principe absolu de la puissance paternelle a pour but d'assurer à la fille le moyen de veiller à la conservation de sa dot, afin qu'elle puisse la porter à un nouveau mari.

Le père de famille, qui peut toujours retirer à son fils le pécule dont il lui a donné l'administration, n'a pas le droit de priver sa fille de la dot qu'il lui a une fois constituée.

La question d'origine de la dot est ici indifférente; la fille indépendante peut demander seule la dot profectice, aussi bien que la dot adventice; le père a besoin du concours de la fille soumise à sa puissance pour se faire restituer la dot qui vient de lui, comme pour exiger celle qui vient d'une autre source.

Il y a, cependant, des cas où la fille soumise à la puissance paternelle peut néanmoins réclamer sa dot sans le concours de son père. Une fille de famille qui a l'administration d'un pécule peut aliéner à titre onéreux les choses qui en font partie, et recevoir des débiteurs qu'elle s'est ainsi créés le montant de ce qu'ils lui doivent, et cela tant que l'administration de ce pécule ne lui a pas été retirée ; c'est à cette limitation que se rapporte cette phrase incidente de la loi 24 (Pomponius sur Sabinus, l. 14, h t.) : « *Quum in eadem causa peculium ejus esset.* » (On trouve les autres cas énumérés par Ulpien dans la loi 22, § 4, 10, 11 , D. *sol. matr.*)

### § 4. *A quel moment doit se faire la restitution de la dot ?*

Le moment de la restitution de la dot varie selon la nature des choses dont elle se compose. Si elle consiste en quantités , c'est-à-dire si le mari a reçu des choses (pièces de monnaie, blé, vin, etc.), pour lesquelles il doit rendre le même nombre , le même poids ou la même mesure de choses semblables, comme on ne peut pas supposer qu'il aura toujours gardé à sa disposition cette quantité d'argent ou de denrées pour être prêt à la restituer à l'époque fort incertaine de la dissolution du mariage , on a jugé équitable de lui accorder un délai pour se la procurer. Il la restituera en trois ans, un tiers chaque année , à moins qu'il n'ait été convenu qu'il la restituerait sur-le-champ.

Si la dot consiste en corps certains , c'est-à-dire si le mari doit restituer identiquement les choses même qu'il a reçues , il ne jouit d'aucun délai , car ou il a conservé ces choses mêmes , et il peut les rendre tout de suite ; ou il ne les a pas conservées comme il l'aurait dû , et sa faute ne doit pas lui procurer un répit qu'il n'aurait pas eu d'ailleurs. S'il les a perdues par un événement qui ne lui soit pas imputable , il est libéré de l'obligation de rendre. (Ulpien, Fragm. , tit. VI, § 8.)

### § 5. *Que doit rendre le mari ?*

Nous allons examiner successivement divers cas où le

mari doit restituer ce qu'il a reçu ou bien ce qu'il a manqué de recevoir par sa faute ou sa négligence.

1° *Le mari a reçu la dot* in genere :

Il peut sans doute rendre les choses mêmes qu'il a reçues, si à la dissolution du mariage, elles sont encore assez bonnes ; mais il peut en donner d'autres de même genre et bonté, comme dans le *mutuum*. Par conséquent il supporte les risques mêmes des cas fortuits ; car si les choses qu'il a reçues ou celles qu'il s'est procurées pour les rendre viennent à périr, il ne peut pas dire que ce soit la chose due qui a péri ; la chose due existe encore tant qu'il existe des choses de ce genre. ( L. 42 D., *de jure dot.* )

2° *Le mari a reçu en dot des choses* in specie *sans estimation* :

S'il a reçu les choses mêmes qui lui avaient été promises, il doit les restituer en nature, encore qu'on lui ait donné la chose d'autrui (l. 11 D., *sol. matr*). Le mari qui doit restituer en nature les choses qu'il a reçues en dot sans estimation répond de leur conservation. Sa responsabilité ne se borne pas au dol, comme celle du dépositaire, qui est seul intéressé dans l'affaire ; elle s'étend à la faute, parce qu'il a intérêt à recevoir une dot (Conf. Marcien, l. 52 D., *de jure dot*). Non-seulement, il ne doit rien faire qui nuise aux choses dotales, mais il doit y donner des soins, apporter la diligence, *præstare diligentiam,* comme à ses propres affaires, celle dont est tenu un associé. Il est donc vrai de dire que la femme en se constituant la dot se confie au mari comme à un associé dans un intérêt pécuniaire commun. ( V. Hasse, dans le Zeitschrift für. gesch. Rechts, t. IV, p. 221. ) Bethmann-Hollweg, (Appendice IV du même ouvrage, p. 572), ne partage pas complétement la manière de voir de Hasse.

Bethmann Hollweg (*l. c.*) substitue à l'explication de Hasse l'explication suivante :

La dot est donnée au mari afin qu'il puisse en employer les fruits comme ses propres ressources, à pourvoir à l'entretien de la famille *ad onera matrimonii ferenda.* Mais il n'a pas seulement l'usufruit des biens dotaux , ces biens ne lui sont pas non plus remis comme à un débiteur ordinaire; car alors la femme pourrait, en qualité de propriétaire ou de créancière, surveiller l'administration , y trouver à redire; et c'est précisément ce qui ne doit pas être. Il faut que le mari puisse, comme chef de famille, disposer librement, durant le mariage de la dot comme de sa fortune propre, et par conséquent donner à ce bien de la femme *res uxoria*, qu'il doit restituer à la fin du mariage, seulement les soins qu'il donne habituellement à ses propres biens.

§ 3. — *Le mari a reçu en dot des choses considérées in specie, mais avec estimation.*

Dans ce cas la dot consiste dans la somme d'argent montant de l'estimation et non dans les choses estimées. Comme débiteur d'une qualité, le mari n'est plus libéré par la perte ou la détérioration de la chose estimée, car ce n'est pas chose due; son obligation consiste à rendre l'estimation , et elle ne peut pas plus changer que celle de l'acheteur qui doit son prix bien que la chose vendue ait péri. On voit par là , que le mari a intérêt à ce qu'on lui livre la dot sans estimation, afin que les risques ne soient pas à sa charge.

Le mari qui a reçu une chose en dot avec estimation, étant assimilé à un acheteur, a pareillement, s'il en est évincé, l'action *ex empto* contre la femme; mais à la différence d'un acheteur ordinaire qui profiterait de ce dont cette indemnité dépasserait le prix qu'il a payé, le mari

contre qui la femme intente l'action en restitution de sa
dot, ne pourra se contenter de rendre le montant de l'estimation donnée à la chose au moment de la constitution
de dot, en gardant l'excédant de l'indemnité sur ce prix
d'estimation. Ce n'est pas ici une vente de droit commun
qui admet qu'une partie cherche à faire un gain sur l'autre,
c'est une vente pour cause de dot qui exclut toute spécula-
tion. Le mari ne doit obtenir aucun bénéfice au détriment
de sa femme; il suffit qu'il ne perde point, il ne faut pas
qu'il gagne,

A *fortiori*, si par suite de l'usage reçu en matière de
vente, usage qu'on n'était point tenu d'observer ici, mais
qu'en fait on aurait suivi, le mari a obtenu le double du
prix, il ne devra pas s'approprier ce profit en restituant
un, et gardant un; il devra restituer deux. Il ne doit rien
conserver de ce qu'il a reçu à cause de la dot (l. 16 D.
de j. dot. Conf. Marcien l. 52, h. t.).

Cette restitution de toute l'indemnité reçue doit avoir
lieu non-seulement quand il y a eu estimation, mais
encore quand il n'y en a pas eu (L. 52, h. t.). Cette
décision se comprend mieux dans la dernière hypothèse.
En effet, dans ce cas le fonds lui-même, restant dotal,
le mari devait rendre avec le fonds tous les produits qui
n'ont pas le caractère de fruits.

Quand des choses ont été données en dot avec estimation, afin qu'à la dissolution du mariage le mari soit
tenu de rendre non les choses, mais le prix, cette estimation fait vente (Ulp. l. 10, pr. h. t.) et si le mari est
évincé, il a, comme un acheteur, son recours en garantie
par l'action *ex empto* (Ulp. L. 6. h. t.)

Il en est autrement lorsque (comme dans la loi 69, § 7,
de j. dot), il a été convenu que les choses données en dot
avec estimation seraient-elles mêmes rendues. Puisque
le mari doit rendre ces choses mêmes, il n'y a plus vente

de ces choses au mari. Le mari n'a donc pas contre sa femme, en cas d'éviction, l'action en garantie d'un acheteur, l'action *ex empto*; il n'a même aucune action contre elle si elle était de bonne foi, mais si elle a été de mauvaise foi, le mari a contre elle l'action *de dolo*, ou plutôt, à cause des égards que se doivent les ci-devant époux, une action *in factum*, qui remplace l'action *de dolo*, sans être infamante comme elle.

Ainsi dans notre hypothèse, l'estimation ne fait pas vente, mais fixe le montant de la valeur de la chose. C'est ce que les interprètes appellent *œstimatio taxationis causa-facta.* Elle sert d'abord à déterminer l'indemnité, que devra le mari, si, par sa faute la chose périt en totalité ou en partie. Elle sert aussi à élever sa responsabilité en l'obligeant à une garde attentive, *custodia*, et en mettant ainsi à sa charge des événements, tels que le vol, dont il n'eût pas répondu si la chose lui eût été remise sans estimation; les seuls accidents dont il ne répond pas, sont ceux qu'aucune surveillance n'eût pu prévenir, ceux qui arrivent par force majeure, comme le vol à main armée.

En remettant la chose au mari avec estimation, la femme annonce qu'elle compte sur toute la diligence de son mari. Cette doctrine est établie par un texte d'Ulpien (l. 52, § 3. D. *pro socio.*) relatif à l'associé; or, nous avons vu que la responsabilité du mari, quant aux choses dotales, est la même que celle de l'associé quant aux choses de la société.

Pour répondre à la question si et comment les fruits des choses dotales entrent dans la restitution de la dot, il faut savoir en quels temps les fruits des choses dotales ont été perçus. En effet les fruits perçus durant le mariage n'entrent pas dans la dot; mais ceux qui ont été perçus avant le mariage font partie de la dot, sauf convention contraire entre le mari et la femme, auquel cas celle-ci

3

en ayant fait donation ( laquelle est permise , comme étant faite avant le mariage), ne peut pas les répéter ( l. 7, § 1 D. *de j. dot.* 23, 3 ); de ce que les fruits perçus durant le mariage ne font pas partie de la dot , il s'en suit qu'ils ne doivent pas être restitués après la dissolution du mariage.

C'est-à-dire que l'équité veut qu'ils appartiennent au mari, parce que devant supporter les charges du mariage il est juste qu'il perçoive les fruits de la dot. Les fruits des choses dotales perçus durant le mariage appartenant au mari pour les charges du mariage, il s'en suit que les fruits ou intérêts de la dot ne lui appartiennent qu'autant qu'il a supporté ces charges.

Enfin les fruits des choses dotales appartenant au mari pour les charges du mariage, il s'en suit encore qu'il gagne ceux de la dernière année, au prorata du temps que le mariage a subsisté dans cette année. Mais on demande, par rapport à la division de cette année, dans laquelle le divorce a eu lieu, si le mari doit compter du jour du ma-riage, ou du jour où le fond dotal lui a été livré; et il est certain que, par rapport au compte des fruits qu'il peut retenir, on ne doit considérer ni le jour de la constitution de la dot, ni celui du mariage, mais seulement le jour où il a été mis en possession des fonds dotaux (l. 5, Ulp. l. 30, *ad. sab.* D. h., t.).

D'après M. de Vangerow (*l. c.*), quand la dernière année du mariage (1) tombe dans une seule période fixée pour la perception des fruits , la division établie par la loi pour le partage des fruits dotaux ne fait pas la moindre dif-ficulté. Mais, au contraire , il existe une grande contro-verse quand , dans la dernière année de mariage, concou-rent deux périodes de fruits (2).

(1) Comparez, pour le sens de cette expression, les lois 5 et 6 D., *sol. matr.*

(2) V. l. 1, § 0., Cod. 7, 13. — V. l. 7, pr. D., *sol. matr*, et § 1.

I. Tous les auteurs jusqu'ici s'étaient accordés à penser
que dans ce cas, on devait tenir compte des récoltes de
deux années; savoir, aussi bien des récoltes de la période
fructuaire qui finit dans l'année de la dissolution, que des
récoltes de la période fructuaire, dont le commencement
seul se trouve dans l'année de la dissolution. Seulement,
on était fort divisé sur la manière dont on devait tenir
compte de ces deux classes de récoltes. ( V. n° 2, ci-
après. )

Mais récemment, Francke (J. civil., arch. xxx, n° 10 notamment, p. 894 et suiv.; comp. aussi Unterhölzner, p. 488,
note 4, *in fine*), s'est prononcé formellement contre cette manière de voir; il a soutenu qu'on devait seulement tenir
compte d'une seule récolte, savoir celle qui avait été *réellement faite pendant l'année de la dissolution*, et que cette récolte seulement devait être partagée entre les intéressés.
Ainsi, supposons un mariage commencé le 1er juillet, et fini
le 31 décembre 1850, et un vignoble constitué en dot :
d'après l'opinion commune, on devrait, dans le compte
des fruits, avoir égard non-seulement à la récolte de 1850,
que le mari a réellement faite, mais aussi à la récolte
future de 1851, puisque le mariage a duré quatre mois
pendant la première période fructuaire et deux mois dans
la seconde. Au contraire, d'après le point de vue de Francke,
la récolte de 1850 doit seule être prise en considération,
et le mari doit en avoir la moitié, parce que le mariage
a duré une demi-année ; mais je tiens *l'opinion commune*
pour la seule exacte.

En effet, quand Francke vient alléguer contre elle qu'il
n'est dit nulle part dans les textes que les *récoltes des
deux années* seraient à partager, mais qu'il y est toujours
parlé des fruits d'une seule année, *fructus novissimi anni
esse fructus anni quo factum divortium est,*, cet argument
ne prouve rien; puisque évidemment il n'est question ici

quo des fruits de la *dernière année* du mariage, qui naturellement ne peut être *qu'une*, mais aux fruits de laquelle n'en peuvent pas moins appartenir les *fruits de deux périodes*. Or, tel est ici précisément le cas, comme cela résulte nécessairement, à mon avis, du principe qui domine cette théorie : *fructuum toto tempore quo curantur, non quo percipiuntur, rationem accipere debemus* (Fr. 7, § 9 D, *sol. matrim.*). D'après cela évidemment appartiennent aussi aux fruits de la dernière année du mariage ceux qui n'avaient pas encore été perçus par le mari. De même que les fruits futurs, si le mariage avait commencé en novembre et se fût dissous à la fin de décembre, appartiendraient complétement à cette année, de même tel doit être aussi le cas où le mariage était déjà conclu en juillet ; car de ce que, dans ce dernier cas, d'autres fruits encore appartiennent, en outre, aux *fructus novissimi anni*, il ne peut y avoir aucun motif raisonnable d'en exclure ceux-ci.

L'*objection pratique* opposée par Francke à l'opinion dominante, savoir qu'elle rendrait impossible aux époux lors de la dissolution, de régler leur compte et de le liquider, est sans aucune importance, puisqu'on peut y pourvoir simplement par des cautions (Fr. 7, § 15, *solut. matrim.*) ; mais cette objection est complétement détruite quand on tient compte, au contraire, des rigueurs et des iniquités qu'entraîne le système de Francke, tantôt pour la femme et tantôt pour le mari, dans le cas de récoltes inégales. Qu'on suppose, par exemple, que le mariage a commencé au 1er *octobre*, et que la vendange du vignoble donné en dot rapporte 12 ; le mariage dure ensuite jusqu'au 1er *octobre* de l'année suivante, et la vendange faite après la dissolution rapporte 100. D'après Francke, le mari devrait se contenter de 12, tandis que quand le mariage a commencé au 1er novembre et a duré ensuite onze mois seulement, le mari aurait incontestablement un droit à $\frac{11 \times 100}{12} = 91 \frac{2}{3}$. Si l'on réplique qu'il n'y a pas à se préoccuper ni des avantages ou désavantages accidentels, mais qu'il faut seulement tenir compte des règles du droit, cet argument n'est d'aucun secours ; car la question est précisément de savoir si une règle de droit peut être fondée quand elle doit conduire à des résultats si évidemment inconséquents. — En outre, la théorie de Francke est directement contredite par la loi 7, § 1, *sol. matr.*, qui va être discutée au nº II ci-après, et où il est question d'un cas où dans l'année de la dissolution, deux périodes de fruits viennent à concourir, et où, quelle que soit d'ailleurs l'interprétation que l'on veuille donner au texte, il est du moins exprimé d'une manière tout à fait indubitable que les fruits de deux périodes (*fructus vindemiæ et quarta portio mercedis*) doivent venir en ligne de compte pour le partage des fruits dotaux.

II. Maintenant, s'il est bien établi que dans un cas pareil, on doit prendre en considération pour le partage des fruits de la dot *les deux périodes de fruits*, au contraire, la manière dont ce compte doit être fait est depuis longtemps fort controversée. La source de ces discussions est dans la célèbre décision qu'Ulpien, dans le Fr. 7, § 1, *sol. matr.*, a empruntée au IIº livre des questions de Papinien. On suppose qu'un mariage est conclu le 1er octobre, et que le mari reçoit un vignoble en dot ; ensuite il récolte la vendange, puis loue le vignoble le 1er novembre, et le mariage se dissout le dernier jour de l'année, après avoir duré *quatre mois*, dont l'un dans la première et les trois autres dans la dernière période de fruits.

La décision est ainsi conçue : *Vindemiæ fructus et quarta portio mercedis instantis confundi debebunt, ut ex ea pecunia tertia portio viro relinquatur.* Parmi les nombreuses opinions émises à ce sujet, et pour lesquelles on peut consulter Glück (t. xxvii, p. 212 et s., surtout p. 298 et s.), les suivantes seulement nous paraissent mériter une mention spéciale :

1° Une *très-ancienne opinion* consiste à dire qu'on additionnera ici réellement la valeur *effective de la vendange entière* et le quart du prix de bail, et que le *tiers du total* sera attribué au mari comme sa part. Cette manière de voir a été surtout défendue avec ardeur par Cujas (*in* Paul. Sent. ii, 23 ; Opp. i, p. 400 et suiv. ; de Feudis iv, 30 ; *Observ.* xiv, 22, t. iii, p. 405 et suiv. et *in lib. qua est.* Papin. *ad* l. 7, cit. ; Opp. iv, p. 285 et seqq.). Comparez aussi Controv. Jv. Roberti et Jac. Cujas ii, 7, x, p. 166 et s. ; de nos jours, elle a été reprise spécialement par Hasse. *Comm. de variis eorum sententiis, qui in explan.* l. 7, § 1, *sol. matr. vulgatam interpretationem reliquerunt*, Bonn. 1827, et *in* Rhein-Mus ii, p. 1 et s. S'y sont également rattachés Schrader (*in der Tübing int. Zeitsch* vi), p. 219 et s. ; Kübel, (*de dot. fruct. sol matr. divid.* Tub, 1841 ; Puchta (*Vorlesungen* ii, *ad* § 421), et Francke (*in* Civ. arch, xxx, p. 270 et s., surtout p. 303 et s.), bien que cet auteur, dans la base de son interprétation, s'éloigne essentiellement de Hasse.

2° Au contraire, Duaren (*Disput.* i, 607, et beaucoup d'autres après lui (V. gr. Dovell. Comm. jur. civ. xiv, 7), admet que le mari n'obtenait ici qu'un *douzième de la vendange* et un quart du prix du bail.

3° Connan (Comm. jur. civ., lib. viii, c. 10, n° 8), entra dans une autre voie. Comparez aussi Meyer (Manuel de Schweppe, iv, § 6807). Il réunit en effet le produit total de la vendange et le total du gain de bail pour former *un produit moyen*, et cherche ensuite la part à donner au mari.

4° Schrader s'accorde avec l'idée fondamentale de Con-

nanus, dans sa *Comm. de div. fruct. dotis* Bonn., 1808, in-4°,
et beaucoup d'auteurs modernes l'ont suivi, par exemple
Glück, ouvrage cité, p. 317 et s. ; Unterholzner, p. 457
et s. ; note 2, pendant que Schrader lui-même a préféré
plus tard l'avis de Hasse.

D'abord, il voulait aussi former un *produit moyen* pour
y mesurer la portion du mari ; mais au lieu de réunir,
avec Connanus, la vendange et *tout le prix* de bail, il ad-
ditionnait seulement *la valeur de la récolte et le quart du
prix* de bail, et il répartit ensuite ce produit sur les 18
mois des deux périodes de fruits, et calcule ainsi la quantité qui revient aux quatre mois du mariage.

Après un examen attentif de ces différentes opinions,
je serais forcé d'adopter l'avis de Duaren, quoique rejeté
par tous les modernes. En effet, toutes les autres explications de notre loi laissent prise aux plus graves objections.

a. L'opinion de Cujas et de Hasse paraît bien, il est vrai,
s'accorder avec les *termes littéraux* du texte (cependant il
faut remarquer qu'il ne porte pas *ejus pecuniæ*, comme
l'exigerait cette interprétation, mais *ex ea pecunia*); mais
cette opinion repose sur une si lourde erreur de compte,
qu'on ne peut l'attribuer réellement à l'esprit pénétrant
de Papinien. En effet, qu'on additionne le total de la
vendange et le quart du prix de bail, cela forme évidemment le produit de 18 mois. Or, si on veut en attribuer
le *tiers* au mari, il aura droit au produit *de cinq mois*, pendant que le mariage n'en a *duré que quatre*. Cette faute
sera d'autant plus frappante que le mariage aura duré plus
longtemps pendant la seconde période.

Supposez en effet que, dans celle-ci, le mariage dure
*cinq mois*; ainsi, il échoira au mari le produit de huit
mois et demi, bien que le mariage n'ait duré que *six*

*mois.* Il est vrai que Hasse veut couvrir ce grave défaut en disant que Papinien s'est laissé conduire à ce mode de calcul par cette considération que la femme a voulu largement pourvoir le mari *pour la première année* en raison peut-être des frais de premier établissement. Mais de pareils motifs sont tout à fait indignes de Papinien, et ils sont même d'autant moins satisfaisants que l'opinion de Hasse peut avoir aussi le résultat opposé, savoir que le mari aura peut-être moins que ce qui lui revient en réalité. Ainsi, supposons que la vendange $= 6$, le prix de bail $= 24$; d'après Hasse, il devrait échoir au mari $6 + \frac{6}{3} = 4$, tandis qu'en réalité, il a droit à $6\frac{1}{2}$; savoir $\frac{1}{2}$ pour le mois de la première période, et six pour les trois mois de la seconde.

De même, la nouvelle justification que Francke a donnée de cette interprétation ne peut certainement pas être approuvée. D'après son avis, la *quarta portio mercedis* ne doit pas être prise en *considération comme fruit de la seconde période ;* car, d'après lui (v. note *supra*), de pareils fruits ne doivent pas venir en ligne de compte. Mais le mari a plus, parce qu'il a loué le vignoble et parce qu'il a gagné le fermage pour trois mois; il a donc augmenté pour cette année d'autant le produit du vignoble, et il est alors tout à fait conséquent de réunir cette *quarta portio* avec la vendange perçue ; ils forment les fruits *novissimi anni*, et par conséquent la masse à diviser, sur laquelle il faut attribuer au mari sa part proportionnelle, et dans notre espèce un tiers ; si le mari n'avait pas loué, la masse se formerait exclusivement de la vendange, et si le mari avait loué pour la première fois le 1er janvier, la masse se composerait de la vendange, plus un douzième du prix de bail. Mais si les explications par nous données au n° 1 sont exactes, le fondement de cette argumentation s'écroule complétement.

Mais, abstraction faite de cela , d'après la loi et la nature des choses , les fermages d'une chose frugifère doivent être regardés comme le *subrogat* des fruits naturels ,
et ils ne valent , en Droit romain , comme perçus dans le
sens juridique , qu'autant que les fruits naturels le seraient (l. 58 , pr. *de usuf.* 7, 1, l. 9 , § 1 *locati* 19, l.).
Il est donc inexact de dire ici que le mari a déjà *gagné le
quart de fermage ;* au contraire, le cas décidé par Papinien est juridiquement tout à fait semblable à celui où aucun bail n'a eu lieu , sauf qu'alors, au lieu de la *quarta
portio mercedis ,* on devrait porter en compte au mari le
*quart de la récolte future.*

Enfin , relativement à la dernière assertion de Francke,
savoir que si le bail avait eu lieu au 1er janvier , le douzième seulement du fermage tomberait dans la masse ,
cette décision serait absolument inconciliable avec la loi 7,
§ 27, *solut. matrim.*

*b.* Les opinions de Connanus et de Schrader reposent
toutes deux également sur cette idée qu'il faudrait chercher
ici *un produit moyen* des deux périodes fructuaires. Mais
cela n'est certainement pas naturel, surtout quand on suppose le cas où le mariage a duré plusieurs années et qu'il
faudrait établir une moyenne entre la première et la
deuxième période de fruits, qui se trouvent peut-être sé-
parées par dix années ou plus l'une de l'autre. Mais si on
admet que les Romains fussent arrivés, d'une manière in-
concevable, à cette idée d'un produit moyen, l'avis de
Connanus serait, par *des motifs tirés du fond*, bien préférable à celui de Schrader. Car il est certainement plus clair
de prendre pour former un produit moyen deux *périodes
entières* de fruits, qu'une seule période complète et une
fraction d'une autre.

Mais, en réalité, cette opinion de Connanus heurte tout

à fait le texte de la loi, d'après laquelle littéralement les fruits de la vendange et *quarta portio mercedis* doivent être confondus. L'interprétation de Schrader est sans doute moins opposée aux termes du texte, mais elle l'élude ou le tourne arbitrairement, d'abord en ce que le mot *confundendi* reçoit ici une acception toute spéciale, c'est-à-dire la *réunion* dans le but *de former un produit moyen*, et en outre en ce que Schrader est obligé de traduire ainsi les mots suivants : *ut ex ea pecunia : afin que par là son tiers demeure au mari*, ce qui est vraiment très-hardi. En outre, l'opinion de Schrader conduit à la plus haute iniquité c'est-à-dire à donner facilement au mari, pour un plus grand nombre de mois dotaux, moins de fruits que pour un petit nombre. En effet, supposez que la vendange rapporte 6 et le bail 12 et que le mariage dure en tout *douze mois*, et la vendange a eu lieu dans le premier. Alors le mari aura, d'après Schrader, seulement $8\frac{20}{23}$ $\Big($car $6 + \frac{11}{23}$ serait le produit de chaque mois isolément et $\frac{12 \times 17}{23} = 8\frac{20}{23}\Big)$ pendant que si le mariage avait commencé après la vendange et avait duré 11 mois, il obtiendrait 11 complets. Si l'on devait en réalité fournir une année moyenne, il faudrait suivre le procédé proposé par Arnould (Comm. *ad. leg.* 7, § 1, *sol. matr.* Berlin, 1850, p. 6 et s.), on devrait établir le produit d'une année fictive, dont les 12 mois se partageraient dans les deux périodes de fruits tout à fait dans le même rapport qui se trouve dans les *mois réels* de mariage et sur ce produit moyen, on devrait donner au mari sa part proportionnelle à la durée de la dernière année du mariage. Supposons donc, dans l'exemple de Papinien, la vendange valant $= 12$ et le bail $= 24$, puisque les deux périodes de fruits, dans les 4 mois du mariage, sont comme 1 est à 3, il y aura dans l'année moyenne à introduire trois mois de la première période de fruits (avec

un produit de 12) et neuf mois de la seconde période
(avec un produit de 24) car : 1 : 3 = 3 : 9. Le produit
de cette année moyenne serait, d'après cela, 3 + 18 = 21,
donc, pour les trois mois qui appartenaient à la première
période fructuaire de 12 on aurait 3 ; pour les 9 mois qui
appartiennent à la deuxième période fructuaire, on aurait 18.
Sur ces 21, le mari, puisque le mariage a duré 4 mois ou
un tiers d'année, devrait avoir le tiers, c'est-à-dire 7. Si
l'on suppose que le mariage a duré 9 mois, qui se partagent
entre les deux périodes fructuaires, de telle sorte, que trois
mois appartiennent à une période d'un produit de 24, et
les six autres mois à une période d'un produit de 12. Puisque 3 : 6 = 4 : 8, alors, dans l'année moyenne à former,
quatre mois appartiendront à la première période et 8 à la
seconde ; le produit de cette année serait, d'après cela ,
$\frac{24 \times 4}{12} + \frac{12 \times 8}{12} = 8 + 8 = 16$ ; et la part du mari pour
les 9 mois de mariage ou trois quarts de l'année devrait
former les trois quarts de cette somme, et par conséquent = 12.

Une pareille année moyenne serait seule conforme à *la
nature des choses*, puisque c'est dans ce procédé seul qu'on
a égard au rapport de la durée du mariage dans les deux
périodes.

Mais cette année moyenne conduit *mathématiquement
toujours au même résultat, que le procédé si simple de
Duaren*, et cette concordance n'est pas un faible argument
en faveur de l'exactitude et de la conséquence mathématique de cette opinion. Or, les Romains n'ont pas eu l'idée
d'une année moyenne ou *fictive*. Mais on écarte complètement toutes les objections tirées de la lettre ou du fond,
quand on adopte la théorie de Duaren.

Elle est évidemment la plus simple et la plus consé-
quente, puisqu'elle pose le même principe qui régit le cas

d'une seule période de fruits; et Schrader même accorde qu'elle forme *le mode de calcul que devrait préférer une loi nouvelle.* Quand la plupart des interprètes modernes viennent cependant soutenir que cet avis est absolument inconciliable avec la lettre du texte de Papinien, cela est certainement erroné. On doit, en effet, traduire ainsi : *le produit de la vendange du fermage doit être combiné de façon que* sur les valeurs fructuaires *son tiers* soit laissé au mari. Or, pour venir d'un quart au tiers, il faut ajouter $\frac{1}{12}$, il faut donc ajouter au quart du prix du bail $\frac{1}{12}$ du fruit de la vendange. Mais ici se présente cette objection qu'il est impossible d'additionner deux parties de choses de différentes espèces; ainsi on n'irait pas additionner $\frac{1}{12}$ de vigne et $\frac{1}{4}$ de jardin pour faire une somme d'un tiers; de même la pensée de Papinien ne saurait avoir été de former un tiers au moyen de $\frac{1}{12}$ de vendange et de $\frac{1}{4}$ de loyer. Telle est aussi, si je ne me trompe, la portée de la remarque faite par Puchta (*Vorlesungen* au lieu cité). Mais la loi 7, § 1, parle de la réunion de quantités différentes et non d'un mélange de quotes de différents objets ! Mais dans le fait c'est seulement apparence et *quant aux mots*, et non au point de vue des choses que l'on trouve ici des objets différents.

La question était de déterminer la *portion de fruits* due au mari pour quatre mois et par conséquent pour un tiers d'année, par conséquent une *tertia portio* dans ses rapports avec le produit total de l'année.

A cette *tertia portio* appartenait indubitablement *la quarta portio mercedis*, que représente le produit de trois mois, et par conséquent pour un quart d'année; aussi cette *quarta portio mercedis* n'est pas autre chose en fait qu'une *quarta portio fructuum novissimi anni*, et la pensée très-simple de Papinien est la suivante.

Au mari revient le tiers du produit de l'année, puisque

le mariage a duré un tiers d'année ; à ce tiers appartient d'abord, avant tout, la portion du fermage afférente aux fruits des trois derniers mois, ou $1/4$ du fermage total ; ainsi le mari a dans la main les fruits de trois mois ou un quart du produit total , et ce qui lui manque encore pour former le tiers qui lui revient, c'est-à-dire $1/12$ , il doit le prendre sur la vendange. En résumé, le tiers revenant au mari sera formé d'un quart du fermage (produit de trois mois) et d'un douzième de la vendange (produit d'un mois).

Ainsi M. de Vaugerow a été conduit , par une nouvelle et très-sérieuse méditation de toute la question, à maintenir l'opinion qu'il avait déjà émise dans la première édition de son manuel, savoir que la théorie de Duaren est la seule qui puisse se concilier également avec la nature des choses et avec les termes de la loi, et qui par conséquent mérite absolument d'être préférée aux autres. Je ne m'attendais pas, dit-il , il est vrai, qu'on tirât une objection contre cette théorie de ce qu'elle a de naturel et de conséquence mathématique , et cependant cela est arrivé à Puchta , *Vorlesungen* où il dit : *loco citato : l'opinion de Duaren se recommande principalement par son aptitude à saisir une intelligence superficielle et à satisfaire un mesquin esprit de calcul; aussi a-t-elle trouvé de l'assentiment chez beaucoup?* Mais je puis me consoler d'autant plus facilement d'une telle critique, ajoute M. de Vaugerow, que depuis que j'ai tiré cette interprétation de l'oubli où elle était tombée , elle a trouvé des adhérents parmi les interprètes les plus compétents (Comp. Rudorf, Grund : § 373, rem. p. 342); Böcking (Grund. der Pandeckt. § 14, 3° édit. 1861, p. 243 et s. ); Holtzschuher (Théorie und Kasuists. R. Vol. I , p. 542); Sintenis (pract. Civilrecht, § 133 , note 73); Arnold (dans le comm. *ad. leg.* 7, § 1) cité plus haut. Mais le plus ancien défenseur de cette opinion qui nous soit connu est Cyrillus, dont l'explication dans la

Schol. ad Basilik xxviii, 8, fr. 7, § 1, apud Fabr. iv, p. 373. Schol p. apud Heimbach ii, p. 243, n'admet certes pas d'autres sens, car il dit : *Mense octobri uxor fundum mihi dedit : percepi ex vindemia xviii nummos; locavi eum mense novembri* i, x *nummis; solutum est matrimonium circa finem mensis januarii. Non accipio* FRUCTUS VINDEMIÆ ET TRIUM MENSIUM *sed* CUM EIS *quatuor mensium.* (οὐ λαμβάνω τὰ τοῦ τρυγητοῦ καί γε μηνῶν, ἀλλὰ σὺν αὐτοῖς δὲ μηνῶν).

Brinckmann a commencé un examen dans les *Archives civiles* xxxvi, p. 481 et s. et il promet de lever les difficultés de la loi 7, § 1, au moyen d'une *critique conjecturale*, mais je n'ai point encore eu connaissance de la fin de son travail.

### § 6. *Rétentions que le mari peut opérer sur la dot.*

Quelquefois le mari n'est pas tenu de restituer la dot tout entière, il peut en retenir une partie. Ces rétentions sont admises pour cinq causes diverses : *propter liberos, propter mores, propter impensas, propter res donatas, propter res amotas*, que nous allons examiner successivement.

a. La restitution *propter liberos*, a lieu quand le divorce est arrivé par la faute de la femme ou de son père de famille. Le mari, obligé de supporter les charges du mariage, conserve aussi une partie de la dot. Cette rétention est d'un sixième pour chaque enfant ; mais elle ne dépasse jamais trois sixièmes, quel que soit le nombre des enfants.

Elle a un double but, savoir, de punir la femme, à qui est imputable la rupture du mariage, et d'indemniser le mari des charges que lui laisse cette rupture, qui ne peut lui être imputée. De là découlent naturellement plusieurs conséquences, qui sont d'ailleurs justifiées par des textes positifs.

Si le divorce a eu lieu sans la faute de la femme, ou s'il a eu lieu par la faute du mari, la rétention *propter liberos* ne s'exerce pas ; car, dans le premier cas, la femme n'a pas mérité de subir une peine ; dans le second cas, le mari s'est rendu indigne de recevoir une indemnité ( Paul, Instit., liv. II, *de Dotibus* ).

En résumé, pour savoir s'il y a lieu à la rétention *propter liberos*, il faut examiner quel est l'époux par la faute duquel le divorce est arrivé. Un époux est en faute quand, par sa conduite, il a amené la nécessité du divorce, bien que ce soit l'autre époux qui ait envoyé la répudiation. S'il n'y a rien à reprocher à la conduite d'aucun des époux, celui-là est en faute qui a envoyé la répudiation sans motif suffisant.

La faute, dans l'un ou l'autre sens, est-elle du côté de la femme, la rétention *propter liberos* a lieu ; est-elle du côté du mari, pas de rétention ; pas de rétention non plus quand il n'y a faute de part ni d'autre. ( Ulp., Frag. t. 6, § 10 ).

*b.* Les mœurs de la femme donnent lieu à une rétention, qui est d'un sixième de la dot, si l'écart est grave ; d'un huitième, s'il est léger. On entend par inconduite grave ( *graviores* ou *majores mores* ) seulement l'adultère ; l'expression d'inconduite légère ( *leviores* ou *minores mores* ) comprend toutes les autres fautes de conduite ( Ulpien, Frag. tit. VI, § 12 ).

Les mœurs du mari sont punies comme celles de la femme, mais sa peine est réglée différemment.

S'il s'agit d'une dot qu'il doit rendre par tiers d'année en année, il faudra qu'il la rende aussitôt après le divorce, s'il est coupable d'un écart grave, et, par tiers, de six mois en six mois s'il n'a à se reprocher qu'un écart moindre. Il encourt ainsi la déchéance de son délai pour la totalité dans le premier cas, pour la moitié dans le second. S'il s'agit d'une dot que le mari doit rendre sur-le-champ, il faudra qu'il restitue, outre les choses dotales, une quantité de fruits correspondante au temps dont la restitution est avancée, en pareil cas, pour la dot qui était de droit restituable en trois termes.

Ainsi, suivant la gravité de la faute, la femme coupable perd un sixième ou un huitième du capital de sa dot; le mari coupable perd deux ans ou un an de jouissance ou de revenu de cette dot.

Ces peines peuvent être exigées soit par voie de rétention ou de restitution anticipée, devant le juge de l'action ordinaire *rei uxoriæ*, soit par le moyen d'une action spéciale, *judicium morum*, *actio de moribus*, qui était donnée contre l'époux coupable à l'autre époux, et qui était surtout utile lorsque la restitution de la dot avait été effectuée sans qu'on eût songé à en diminuer le montant pour la faute de la femme, ou à l'augmenter par la faute du mari.

c. La troisième cause qui autorise le mari à exercer une rétention sur la dot, ce sont les impenses ou dépenses faites pour les choses dont elle se compose. Les Romains distinguaient les dépenses *nécessaires*, *utiles* et *voluptuaires*; division très-exacte dans la théorie, mais qui ne lève point toutes les difficultés qui se présentent dans la pratique pour déterminer précisément la nature de chaque impense ainsi que l'avouent eux-mêmes ses auteurs (L. 15, in fine, Dig. de impens. in res dot.).

1° *Dépenses nécessaires.*

Les dépenses *nécessaires* sont celles qui ont conservé la chose dotale. La chose ne vaut pas plus qu'autrefois; mais sans cette dépense elle n'existerait plus, ou elle n'existerait qu'amoindrie, détériorée.

Le mari recouvre la totalité de la somme ainsi dépensée, et comme on dit que la dot est de droit diminuée du montant de la dépense nécessaire (*necessariæ impensæ ipso jure dotem minuunt*), non-seulement il peut retenir ce montant sur la dot au moment où il la restitue, mais même, s'il a fait cette restitution sans déduire la somme dépensée, il peut, d'après une opinion qui a été admise avec quelque difficulté, répéter cette somme par la *condictio indebiti*, comme ayant rendu plus qu'il ne devait en restituant une dot entière au lieu d'une dot diminuée *ipso jure* de ladite somme ( Ulpien, Frag. t. 6, § 13, l. 1, § 1, D. de imp. in res dot. , l. 79. D. de Verb. sign. ).

Les dépenses nécessaires sont telles que si le mari avait omis de les faire, le juge de l'action *rei uxoriæ* le condamnerait à des dommages-intérêts envers la femme (L. 4; D. de imp. in res dot. ) Les dépenses nécessaires diminuent la dot *ipso jure*. (L. 56, § 3, D. de jure dot. ).

Mais comment faut-il entendre cet ancien adage? faut-il prendre à la lettre, et s'il a été dépensé pour la conservation de la dot une somme égale au quart de sa valeur, dire que le fonds a cessé d'être dotal par indivis pour un quart ?

Non, répond le jurisconsulte Paul, dans la même loi : il faut entendre seulement par là que le mari pourra, à la dissolution du mariage, retenir le fonds en totalité ou en partie si la dépense ne lui est pas remboursée par la femme.

La diminution qui s'opère de droit porte, dit Ulpien, ( L. 5, pr. D. de imp in res dot.) non sur les objets corporels mais sur l'ensemble de la dot, sur le montant de sa valeur totale, qui est diminuée d'une quantité égale à la somme dépensée.

Paul cite ensuite une opinion de Sævola, d'après laquelle le fonds cesse d'être dotal quand les dépenses faites successivement *per partes*, égalent la valeur totale du

4

fonds; mais il redevient dotal si la femme rembourse la dépense dans l'année, et en attendant, pendant cette année,
l'aliénation du fonds est interdite. Une fois l'année écoulée,
sans remboursement, le mari peut librement aliéner le
fonds qui ne peut plus redevenir dotal. Cela résulte de la
L. 56, § 3, D. de jure dot., qui a subi des interpolations de
Tribonien, lesquelles nous empêchent de connaître exactement quelle était la doctrine des jurisconsultes classiques.

Après avoir cité cette opinion de Scévola, Paul en rapporte une de Nerva, qui décide que, si la dot se compose
tout à la fois d'un somme d'argent et d'un fonds, les dépenses nécessaires faites pour le fonds diminuent la dot
pécuniaire.

Il est bien entendu que les dépenses nécessaires qui diminuent la dot *ipso jure* ne doivent s'entendre que de celles
qui sont faites pour la dot elle-même et non pour la jouissance ou l'administration des biens dotaux, car ces dernières sont à la charge du mari (L. 1, § 1, 5, 16, 3;
§ 1, 15, 12. D. de imp. in res dot., L. 28, § 1. D. de
don. inter vir. et uxor.).

Le mari a droit au remboursement des dépenses nécessaires, bien que la chose réparée soit ensuite pérîe par
cas fortuit (L. 4, D. de imp. in res dot.). Pour se faire
rembourser des dépenses nécessaires, le mari peut non-
seulement en retenir le montant, mais même, s'il a fait
cette restitution sans déduire la somme dépensée, il peut
(d'après une opinion qui a été admise avec quelques difficultés) répéter cette somme par la *condictio indebiti*, comme
ayant rendu plus qu'il ne devait (en restituant une dot entière au lieu d'une dot diminuée *ipso jure* de ladite somme).
(L. 5, § 2. D. de imp. in res. dot.).

2º *Dépenses utiles.*
Les dépenses *utiles* sont celles qui n'ont pas servi à con-

server la chose dotale, mais à l'améliorer : faute de ces dépenses, la chose n'eût pas péri, mais, grâce à ces dépenses, elle vaut plus qu'auparavant.

Si ces dépenses ont été faites par le mari, du consentement de la femme, il les retiendra; s'il les a faites sans son consentement, il ne pourra s'en faire tenir compte qu'autant que les circonstances n'en rendraient pas le remboursement trop onéreux à la femme. Dans l'un et l'autre cas, la voie de la rétention était seule ouverte; le mari étant propriétaire des choses pour lesquelles il avait dépensé, on hésitait à admettre en sa faveur une action *mandati* ou *negotiorum gestorum* ( Ulpien, Frag. 6, § 16).

*3° Dépenses voluptuaires.*

Ce sont celles qui ne servent ni à la conservation, ni à l'amélioration, mais au simple agrément (Ulpien, Frag. t. 6, § 17. L. 79, § 2, D. de verb. sig. ). Elles ne donnent lieu à aucune rétention ni à aucune action, quand même elles auraient été faites du consentement de la femme ( L. 11, D. de imp. in res dot. ). Toutefois, si la femme ne veut pas les rembourser, elle doit permettre à son mari d'enlever ce qu'il est possible de détacher sans détérioration ( L. 9, D. eod. ). Il y a cependant un cas où les dépenses voluptuaires doivent être remboursées; c'est celui où les immeubles dotaux sont destinés à être vendus, car alors elles augmentent leur valeur ( L. 10, D. eod. ).

Le mari peut encore répéter ce qu'il a dépensé pour sa femme, et qui n'est pas charge du mariage; comme s'il l'a rachetée de captivité, s'il a retiré son père ou sa mère de prison ( L. 21, D. sol. matr. ).

*d.* La quatrième cause de rétention se trouve dans les donations que le mari aurait faites à sa femme pendant le mariage.

Les donations entre époux étaient interdites. On craignait qu'un époux avide n'abusât de la tendresse de son conjoint pour s'enrichir à ses dépens, ou ne lui arrachât des libéralités en le menaçant de le répudier, et que la durée ou la paix du mariage ne fût ainsi achetée à prix d'argent.

Ces donations devenaient valables si le donateur les confirmait par testament, et, d'après un sénatus-consulte, rendu sur la proposition des empereurs Sévère et Antonin Caracalla, une confirmation expresse n'était plus nécessaire, il suffisait que l'époux donateur mourût le premier sans avoir manifesté de volonté contraire.

Hors les cas d'exception, l'époux donateur qui veut reprendre ce qu'il a donné, peut, si la chose existe la revendiquer, attendu que la propriété n'en a pas été transférée au donataire; si la chose n'existe plus, mais que le donataire en soit devenu plus riche, le donateur peut agir par la *condictio sine causa* ou *ex injusta causa*. Le mari donateur peut aussi retenir sur la dot la valeur des choses données.

(C'est à raison de cette rétention qu'Ulpien est amené dans son § 1, à traiter de ces donations. V. Ulpien, Frag. tit. vii, § 1).

*e.* Enfin la cinquième cause de rétention est la soustraction qu'un époux a commise, en vue du divorce, de choses appartenant à son conjoint. A cause de la relation qui unit les époux, on n'a pas voulu que cette soustraction donnât lieu à l'action pénale *furti*, bien qu'elle réunît tous les caractères du vol, *furtum;* on s'est contenté d'établir une action en restitution ou en indemnité *rei persecutoria*, qui tient lieu de la *condictio furtiva*, et que par ménagement on appelle action pour les choses détournées, *actio rerum amotarum*. (Frag. Ulp. t. 7, § 2). En terminant ce qui concerne les rétentions que le mari peut exercer sur la dot, il faut relever deux différences qui séparent la première cause de rétention des quatre autres causes.

1° La première ne donne lieu qu'à une rétention, et non à une action.

Les autres donnent lieu à une rétention et à une action.

2° On peut faire d'avance des conventions concernant la rétention *propter liberos*, avec beaucoup plus de liberté qu'on ne peut en faire pour les rétentions et actions qui dérivent des autres causes énumérées dans la rubrique *de pactis dotalibus*.

### § 7. *Des garanties données pour la restitution de la dot.*

Dans le droit classique, le mari devait donner caution qu'il ne ferait rien qui pût détruire ou détériorer la dot (L. 25, § 1, D. Sol. matr.).

Il paraît que jadis le mari créancier de la femme obtenait aussi une indemnité garantie *Cautione tribunitia*.

Voici comment s'exprime à cet égard Ulpien (Frag. vii, § 3) : « Si le mari s'est obligé pour la femme ou a fait une « dépense pour la chose de celle-ci, il a soin ordinaire-« ment, lors du divorce, de prendre ses sûretés à cet « égard par la stipulation tribunitienne. »

La stipulation mentionnée ici présente quelques difficultés et quant à son objet, et quant à sa dénomination.

On comprend bien que le mari qui s'est obligé pour sa femme ait besoin de se faire promettre par celle-ci qu'elle l'indemnisera ; car il n'a encore rien déboursé qu'il puisse retenir sur la dot ; peut-être même n'aura-t-il que beaucoup plus tard ou n'aura-t-il jamais à débourser quelque chose, si l'obligation contractée est à terme ou sous condition.

Mais quand il a fait une dépense pour la chose de la femme, à quoi bon cette stipulation, puisqu'il peut se rembourser sur le champ, par voie de compensation ou de rétention sur la dot ?

On peut supposer que, la femme n'ayant pas actuellement les moyens de rembourser la dépense, et éprouvant un besoin pressant des choses qui composent sa dot, le mari consent à restituer tout de suite ces choses sans se prévaloir du droit de rétention : comme on admettait difficilement qu'il pût avoir une action pour répéter la dépense, il lui était utile de se l'assurer par une stipulation.

Cette stipulation est appelée *tribunitia*, sans doute parce qu'elle émanait de la juridiction des tribuns, comme on appelait *prætoriæ* ou *ædilitiæ* celles qui provenaient de la juridiction du préteur ou des édiles. Les tribuns paraissent en effet avoir eu une juridiction (V. Pomponius, L. 2, § 34, D. de orig. jur.) dont l'étendue toutefois donnait lieu à quelques difficultés. (Voy. Aulu-Gelle, Noct. att., xiii, 12).

Cependant quelques auteurs (Hugo, *Gesch. des Rom. Rechts*, 11e éd. p. 621, note 1, et p. 929. Zimmern, Gesch. des Rom. Privatsrechts, t. 1, p. 613) pensent que le texte d'Ulpien est altéré, et que *tribunitia* remplace le nom que la stipulation tirait de son inventeur.

### D. COMPARAISON DE DEUX ACTIONS *REI UXORIÆ* ET *EX STIPULATU*.

La femme qui a stipulé la restitution a droit à l'action *ex stipulatu*; elle pouvait aussi intenter l'action *rei uxoriæ*, qui compète toutes les fois qu'il y a dot.

Quel intérêt y a-t-il à préférer l'une ou l'autre de ces actions ?

Le principe des différences qui les séparent consiste en

ce que l'action *ex stipulatu* est *stricti juris;* l'autre contient
dans sa formule les mots anciens *æquius melius*, plus
énergiques peut-être encore que *ex fide bona* (Fr. 66, § 7
D., *solut. matr.*, XXIV, 3.

En effet, la moindre exagération dans le prix de la dot
estimée, permet au juge de venir au secours du mari ; la
moindre *diminution* au secours de la femme venderesse.
(Fr. 6, § 2 D., *de jure dot.*, 23, 3.)

Du reste, les deux actions sont civiles, *in personam* et
*in jus.*

L'action *rei uxoriæ*, action générale, a été donnée à
toute personne qui avait le droit d'exercer la reprise, de
quelque manière que la dot eût été constituée. C'était une
action de bonne foi *in bonum et æquum concepta* (*quidquid
æquius melius*), par laquelle le juge devait donner satisfaction à l'équité d'une manière plus scrupuleuse encore
que dans une simple action de bonne foi. Ainsi, on ne
vient pas au secours d'un vendeur qui, par erreur, est
convenu d'un prix un peu faible, ni au secours d'un acheteur qui, par erreur, est convenu d'un prix un peu élevé ;
mais le juge y regardera de plus près quand il s'agira d'objets apportés en dot sur estimation. (V. Pomponius, l. 6,
§ 2, D. *de jure dot.*)

Le mari poursuivi par cette action, avait le droit :

1° De faire, pour différents motifs déterminés par
l'usage, certaines retenues sur la dot. (Ulp., Fragm, 6,
§ 9);

2° De jouir d'un délai pour la restitution des choses
fongibles (Ulp., Fr. 6, § 8);

3° D'opposer le bénéfice de compétence (*quatenus facere
potest.*)

En outre, la femme ne transmettait pas cette action
à ses héritiers, à moins qu'elle n'eût mis son mari en
demeure ; et si son mari défunt lui avait fait quelques

libéralités par institution , legs ou fidéicommis , elle ne pouvait cumuler ces avantages avec l'exercice de l'action *rei uxoriæ* pour la reprise de sa dot , en vertu d'un édit appelé de *alterutro*. Elle était obligée d'opter entre l'un ou l'autre de ces droits.

L'action *rei uxoriæ* était-elle une action arbitraire ?

A n'en juger que du texte de Julien (l. 7, § 1, D. , *de fundo dotali*, 23, 5), nous sommes autorisés également à dire que l'action *rei uxoriæ* était une action arbitraire. Le jurisconsulte , en s'occupant du fonds dotal auquel des immeubles du mari devaient une servitude, dit : *Officio de dote judicantis continebitur ut reintegrata servitute jubeat fundum mulieri vel hæredi ejus reddi.* »

Ne faut-il pas conclure de ces expressions que l'action *rei uxoriæ* appartient à la classe des actions arbitraires, dans lesquelles le juge , après avoir reconnu que la demande est fondée , que le demandeur doit obtenir gain de cause , ne prononce pas immédiatement la condamnation , mais fixe au défendeur une *satisfaction* dont l'accomplissement amènera son absolution ? On ne peut nier que les expressions de Julien ne concordent parfaitement avec ce caractère de *judicia arbitraria* (Just., § 31, *de action.* Ulp. l. 68, *de rei vindic.*)

M. Demangeat (de la Condition du fonds dotal en Droit romain, p. 255), est porté à croire d'un texte de Paul , qui forme le l. 25, § 1, *sol. mat.*, que les jurisconsultes romains voyaient dans l'action *rei uxoriæ* une action arbitraire. De plus, cette question de savoir si l'action *rei uxoriæ* est une action arbitraire se rattache à cette autre question , beaucoup plus générale : une action peut-elle être à la fois *bonæ fidei* et *arbitraire?* De très-bons esprits enseignent que ce sont là deux caractères incompatibles , et que les actions arbitraires forment une classe à part , également distincte des actions de bonne foi et des actions de droit strict. (En ce sens v. notamment Puchta, *Cursus der Institutionen*, t. II, § 166, p. 138 et s.)

D'autres pensent, au contraire, que toutes les fois que dans l'action *bonæ fidei*, il s'agit d'une restitution à effectuer par le défendeur, il y a lieu, de la part du juge, à prononcer un *jussus* avant de procéder à la condamnation. (V. de Savigny, system. т. v., § 221-223.) M. Leveillé a donné des développements intéressants à cette opinion. (*De la résolution pour inexécution des charges*, p. 46 et s.).

*Revenons aux différences :*

1° L'action *ex stipulatu* est une action *stricti juris* beaucoup plus rigoureuse que l'action *rei uxoriæ* contre le mari et plus favorable à celui qui demandait la restitution ; elle ne sous-entend pas les exceptions *doli* et autres analogues, et peut donner lieu à *plus pétition*. Il en est autrement de l'action *rei uxoriæ*, qui est une action *bonæ fidei*, et même, comme nous venons de le voir, mieux qu'une action de bonne foi, et contient dans son *intentio* « *quidquid ob eam rem* »

2° Elle se transmet *ipso jure* aux héritiers de la femme qui a seulement survécu à la dissolution (Ulp. *Reg.*, VI, 7), ou même morte *in matrimonio*. Cela exclut le gain de survie non stipulé.

L'action *rei uxoriæ* n'appartient pas aux héritiers de la femme lorsqu'elle meurt *in matrimonio* ou lorsqu'elle meurt après la dissolution du mariage, sans que le mari ou son héritier ait été mis en demeure.

3° Elle n'admet pas certaines rétentions que le mari peut exercer dans le cas de l'action *rei uxoriæ*. Ainsi, en cas de divorce par la faute de la femme, celle d'un sixième par enfant, ou *maximum* de moitié (Ulp. Reg. VI, 10 ; Vat. Fr. 106, 107, 121 ; la rétention d'un sixième pour adultère ou *mores graves* ; d'un huitième pour *mores levio-*

*res* (Ulp. Reg. vi, 12); enfin, la rétention pour les impenses. A cet égard, les impenses nécessaires diminuent la dot *ipso jure* relativement aux quantités (Fr. 1, 57, §7, de jure dot. ; Fr. 5, de impens. xxvi, 1) ; les impenses utiles donnaient le droit de rétention (Fr. 7, § 1 ; Fr. 8, de impensis), et jadis la *cautio tribunitia* (Ulp. Reg. vii, 3); quant aux dépenses voluptuaires, elles permettaient seulement les objets qui pouvaient être détachés sans détérioration (Fr. 9 et 11 .de impensis, xxvi, 1) ; enfin, à raison des choses données valablement (Ulp. Reg. vii, 1), et pour les objets soustraits par la femme *propter res amotas* (Ulp. Reg. vii, 2); du reste, il avait en outre, en ce cas, l'action *rerum amotarum* (xxv, 2).

4º La restitution de la dot *stipulée* doit être immédiate ; quand la dot consiste en qualité en choses fongibles, c'est-à-dire si le mari a reçu des choses pour lesquelles il doit rendre le même nombre, le même poids ou la même mesure de choses semblables, comme on ne peut pas supposer qu'il aura toujours gardé à sa disposition cette quantité d'argent ou de denrées pour être prêt à la restituer à l'époque fort incertaine de la dissolution du mariage, on a jugé équitable de lui accorder un délai pour se la procurer.

Le mari tenu de l'action *rei uxoriæ* peut en faire la restitution en trois termes d'un an chacun, *annua, bima, trima redditur* (Ulp. Fr. vi, § 8), à moins qu'il n'ait été convenu qu'il la restituerait sur-le-champ, cas auquel il y aurait lieu à l'action *ex stipulatu*.

Si la dot consiste en corps certains, c'est-à-dire si le mari doit restituer identiquement les choses mêmes qu'il a reçues, il ne jouit d'aucun délai ; car ou il a conservé ces choses, et il peut les rendre immédiatement, ou il ne les a pas conservées comme il l'aurait dû, et sa faute ne doit pas lui procurer un répit qu'il n'aurait pas eu d'ailleurs. S'il les a perdues par un événement qui ne lui soit pas imputable, il est libéré de l'obligation de rendre (Ulp., Fr. tit. vi. § 8).

5° L'action *ex stipulatu* n'admet pas le bénéfice de compétence, au contraire, le mari ou le beau-père poursuivi par l'action *rei uxoriæ* jouit de ce bénéfice; la convention par laquelle il renoncerait à cette faveur serait même nulle, comme contraire aux mœurs (L. 14, § 1. D. sol matr.).

Toutefois, s'il y avait dol de sa part, il serait condamné au montant intégral de la dot qu'il devrait restituer (L. 18, § 1. D. eod.).

Le mari jouit du bénéfice de compétence non-seulement quand c'est la femme qui intente l'action *rei uxoriæ*, mais encore quand ce sont les héritiers de la femme. Les héritiers du mari, à l'exception de ses enfants issus du mariage (L. 18. pr. D. eod.), ne jouiraient pas du même avantage que le mari (L. 8, Cod. sol. matr.).

6° Enfin, selon la règle posée dans l'édit de *alterutro* (L. un. § 3, Cod. de rei uxor., act. 5,13), si le mari mourait *in matrimonio*, laissant une disposition de dernière volonté au profit de la femme, elle devait opter entre l'exercice de l'action *rei uxoriæ* et le bénéfice de cette disposition dernière; elle ne pouvait pas cumuler les deux choses. Rien de semblable lorsque la femme avait l'action *ex stipulatu*.

## SECONDE PARTIE.

---

### De la dot sous Justinien.

Justinien a modifié profondément le régime dotal, au point de vue des droits du mari et de la restitution.

#### A. — DROITS DU MARI.

Nous ne parlerons pas de la constitution de dot.

Justinien a supprimé la *mancipatio*, la *cessio in jure* et la *dictio*, en laissant subsister les autres modes avec leurs effets.

Mais, *quant aux droits du mari*, il a gravement innové. D'abord, en 529, par la constitution 30 au Code *de jure dotium*, il donne à la femme une hypothèque tacite privilégiée sur toutes les choses dotales. En outre, et, au besoin, il lui reconnaît une sorte de propriété en lui permettant de réclamer les objets dotaux par la revendication (sauf, bien entendu, quand ils ont été valablement aliénés par le mari); car, d'après l'avis de la *majeure partie des interprètes*, ceci n'entraîne pas l'inaliénabilité de la dot mobilière. Ce qui le prouve, c'est qu'en 530 seulement

Justinien élargit les prohibitions de la loi Julia, quant aux *immeubles dotaux non estimés seulement.* C'eût été fort inutile si les biens dotaux, même *mobiliers*, eussent été *inaliénables* à cause de la propriété de la femme. D'abord, il confirme l'abrogation déjà commencée par l'usage ( v. Gaïus II, 63 ) de la distinction entre les fonds provinciaux et ceux d'Italie; ensuite, il défend l'aliénation des immeubles seulement, même avec le consentement de la femme ( L. 1, § 5, Cod. de rei. ux. act. v, 13, et Inst. II, 8 ). Dans le § 1 de la même loi, l'empereur concéda, pour la première fois, à la femme, une hypothèque tacite sur les *biens du mari*, autres que les dotaux, pour assurer le recouvrement de la créance dotale résultant d'une stipulation réputée tacite. En même temps, et par l'effet d'une autre stipulation tacite, le mari eut une créance pour le payement de la dot et pour la garantie de l'exécution contre le constituant, avec hypothèque tacite sur tous les biens de la femme ( § 1 ibid.).

La femme est autorisée à renoncer à son hypothèque simple sur les biens du mari, et même à son hypothèque privilégiée sur les immeubles estimés, mais non pas à son hypothèque privilégiée sur le fonds dotal et les meubles dotaux. Enfin, par la Novelle, 61, F 3, in fine ( en 537, après l'édition d'Osenbrügzen ) ( M. Demangeat, *du fonds dotal*, p. 219 ), appliquant à la dot de la femme les formes de la loi 22, Code J. de S. C. Vell. IV, 29. L'empereur maintient comme une sorte d'*intercessio* faite par la femme pour son mari, en renonçant à son hypothèque au profit d'un créancier, ou lorsqu'elle a confirmé cette renonciation au bout de deux ans; mais il faut, en outre, que le mari soit encore assez riche lors de la dissolution pour que les droits de la femme soient garantis; ce qui rend la renonciation peu dangereuse.

## B. — DE LA RESTITUTION DE LA DOT.

Désormais la dot constituée suppose un contrat de mariage tacite ou des stipulations réciproques, ainsi que nous l'avons vu tout à l'heure. Bien plus, l'ascendant dotateur lui-même a son droit de retour, au cas de prédécès de la femme assurée par une stipulation tacite (l. 1, § 13, *de rei uxor. act.* V. 13). Du reste, sauf ce retour ou la stipulation formelle faite par un tiers constituant, la dot doit toujours être restituée à la femme ou à ses héritiers (§ 4) quelle que soit la cause de la dissolution du mariage, sauf la *stipulation de gain de survie* (§ 6). La créance de la femme est garantie par une action *ex stipulatu bonæ fidei*, qui se fond avec l'ancienne action *rei uxoriæ* (§ 2, *ibid*) supprimée; la caution de dot est sous-entendue. Du reste, cette action *ex stipulatu* exclut toute espèce de rétention (§ 5, comparez § 37 de notre titre 6 aux Instituts), Justinien, par la loi *unic.* § 5, *de rei uxor act.* abrogea cette distinction des impenses, qui diminuent la dot *ipso jure*, et de celles pour lesquelles le mari avait contre la femme un droit de répétition; il ordonna que pour les impenses nécessaires ou utiles indistinctement, lorsque ces dernières auraient été faites avec le consentement de la femme, le mari aurait le droit de les répéter par l'action *mandati*; que si elles avaient été faites sans le consentement de la femme, et qu'elles eussent été utiles, le mari avait l'action *negotiorum gestorum* pour les répéter; quant aux dépenses voluptuaires, soit qu'elles eussent été faites avec ou sans le consentement de la femme, le mari n'avait que le droit de les enlever sans nuire aux lieux, tels qu'ils étaient avant.

De même, le mari conserve l'avantage du bénéfice de compétence comme dans l'ancienne action *rei uxoriæ* (§ 7). Les délais de restitution sont modifiés d'une manière bien peu rationnelle : au lieu de distinguer entre les choses de genre et les corps certains, l'empereur distingue les meubles des immeubles dotaux (§ 7); pour les premiers, le mari a un délai d'un an, pour les seconds il doit rendre de suite.

Enfin, la plus grave innovation consommée en 531, sans doute inspirée *assiduis sollicitationibus* de l'impératrice et de quelques femmes de la cour, consiste à rendre privilé-giée l'hypothèque générale tacite sur tous les biens du mari non dotaux (l. 12, Cod. J. *qui potiores* v, III, 18).

Ainsi la femme, comme le dit la fin de notre § 29, sera préférée sur les biens, aux créanciers ayant une hypothè-que antérieure. C'est là une grave injustice, destructive du crédit du mari. Cependant elle fut admise par la juris-prudence de certains pays de droit écrit et notamment dans le ressort du Parlement de Toulouse. Aussi, malgré le principe évident de l'art. 2093 du Code civil *qui n'ad-met pas de privilége sans une loi formelle*, on a cru devoir insérer dans le Code l'art. 1572 pour abolir la loi *assiduis* dans le pays. Du reste, ce privilége de la femme était si exorbitant que Justinien le refusait aux ayant-cause de celle-ci; il ne passe même pas à ses *héritiers en général.*

Toutefois, en cas de second mariage, il permet aux enfants du premier lit de l'exercer *par préférence à la ma-râtre* pour les reprises des biens dotaux de leur mère, sur les biens de leur père. Primant la marâtre, ils excluent *à fortiori* tous les autres créanciers hypothécaires ou non du mari (l. 12, § 1, *qui potiores* 8, 28 et Novelle de Justi-nien rendue en 539).

Faut-il généraliser ce principe et l'étendre à tous les *enfants* (d'une mère dotée), même au cas où le père s'était remarié? Vinnius l'admettait, mais le texte de la loi manque et il faut préférer l'opinion du savant professeur de Toulouse, *Janus a Costa* qui repoussait l'extension de l'exception (*exceptio non amplianda*) dictée par la défaveur des secondes noces ; donc, les enfants ne priment pas les créanciers non déjà primés par une marâtre (*sic.* Ducauroy II, 1256).

Le régime dotal sous Justinien a donné lieu à plusieurs questions gravement controversées que nous allons discuter en prenant pour base la doctrine de M. de Vaugerow (*Manuel de Pandectes*, 7e édit. T. I, § 220, p. 402 et s.).

Si l'on recherche *d'après le droit de Justinien*, à qui revient la dot quand le mariage est dissous par la mort d'un des époux, il faut répondre par les distinctions suivantes :

1. Le mariage a-t-il cessé *par la mort du mari*, on a maintenu essentiellement les règles de l'ancien droit, et il n'y a pas de distinction à faire entre la dot *profectice* et *adventice*.

*a.* Quand la femme est *sui juris*, sans distinguer si elle l'est devenue par émancipation ou par la mort du *pater familias*, elle a le droit de réclamer seule la dot. Meurt-elle avant de l'avoir demandé, d'après l'ancien droit, ses héritiers n'ont d'action qu'autant que le mari avait été déjà mis en demeure (Ulp. Reg. VI, 7 ; Vat. Frag. § 59), tandis qu'après le droit de Justinien les héritiers ont le même droit que la femme, sans égard à la *mora* du mari (l. 1, § 4, Cod. *de rei uxor act.*).

*b.* La femme est-elle encore en puissance de son père de famille, alors l'action ne peut être intentée ni par elle seule ni par le père seul, mais exclusivement par le père avec le consentement de sa fille (l. 2, § 1 ; l. 3, 134, h. t., D. 24, 37 ; l. 1., § 24 Cod. *de rei uxor. act.* ;

l. 27 Cod. *sol. matr.* , 5, 18. Cela ne veut pas dire, toutefois, qu'il n'eût un droit égal à la dot. En effet, elle demeure ou comme *dot adventice* soumise à l'*usufructus paternus*, ou, au contraire, comme *profectitia* en pleine propriété au père (l. 2 Cod. *de bon. quæ*, lib. 661 ; v. Francke, dans les *Arch. civil.*, 26, p. 420 et s.). Seulement, elle doit être conservée à la femme pour un second mariage (Nov. 97 C.), en sorte que cette dot doit lui revenir après la mort du père, et d'après les circonstances (non pas toujours) comme préciput (l. 12 C. *Comm. utr. Jud*, 3, 38). La fille ne peut, du reste, refuser son consentement à l'exercice de l'action de dot par son père sans un motif légitime (Fr. 22, § 6 D.), et elle est considérée comme consentant quand elle ne contredit pas ; aussi l'action est-elle encore accordée au père quand la fille est insensée, et sans difficulté (l. 12, § 2, l. 22 D. *sol. matr.*), tandis que si elle est seulement absente, le père peut, il est vrai, intenter l'action , mais il doit donner caution que sa fille approuvera ses actes (l. 2, § 1 D. *sol. matr.*)

Si le père est insensé, son curateur prend sa place (l. 22, § 10, *sol. matr.*, l. 65 *de solut.*) ; enfin, s'il est absent, la fille agit, mais à charge de fournir caution *de rato* (l. 22, § 4, *sol. matr.*)

Enfin, s'il y a lieu de craindre que le père dissipe la dot, le juge doit prendre des précautions à l'effet de pourvoir aux intérêts du père et de la fille (l. 22, § 6 Cod). Ce dernier cas ne peut plus se présenter dans le *droit allemand moderne*, parce que la fille par le mariage sort de la puissance paternelle..

2. Au contraire, quand le mariage se dissout par la mort de la femme, il faut distinguer entre la dot *adventice* et la dot *profectice*.

*a.* Dans le cas de la dot *adventice*, l'ancien droit, qui

5

attribuait la dot au mari, est changé, comme on le verra, par Justinien, et en général, le droit à la restitution de dot appartient aux héritiers de la femme (l. 1, § 6 Cod. de rei uxor. act.), sauf clause de gain de survie.

b. En ce qui concerne la dot *profectice*, il est d'abord certain que si le constituant n'existe plus, les héritiers de la femme peuvent encore redemander la dot (l. 1, § 6 Cod. de rei uxor. act.); de même si, à l'inverse, le constituant vit encore, et que sa fille reste sous la puissance jusqu'à sa mort et ne laisse pas d'enfants, la dot revient au constituant (l. 1, § 13, *in fine eodem.*)

Sous le *Droit de Justinien* la majorité des interprètes admet l'affirmative dans la question *controversée* : v. supra, p. 23 : Si le constituant peut encore invoquer le droit de retour quand il *avait émancipé* sa fille ou sa petite-fille ?

( Comparez Glück, 27, p. 106 et s. et les auteurs qu'il cite, et les Manuels ou livres d'étude de Thibaut, 8e édit., § 748; Wening, § 377, note 5; Goschen, § 691, t. III, p. 58; Rudorff a. 371 rem., p. 338; Holzschucher, t. I, p. 550, Puchta, § 410. Vorlesungen ad h. leg.; Sintenis 5, t. III, p. 46, note 20 et suiv. ).

Cette opinion, que M. de Vangeront a défendue dans les précédentes éditions de son livre, il est forcé de la reconnaître pour erronée, car Justinien, dans la loi 1, § 13, Cod. de rei uxor. actione, dit le contraire, dans les termes les plus précis. En effet, il y est décidé que, quand un *extraneus* a constitué une dot, et n'a rien stipulé relativement à la restitution de cette dot, il doit toujours être supposé que la femme a stipulé la restitution, et qu'aussi l'action *ex stipulatu* appartient non à l'*extraneus*, mais exclusivement à elle ou à ses héritiers. Or, l'extraneus est toute personne autre que l'ascendant paternel ayant la fille en puissance : *Extraneum autem intelligimus omnem citra parentum per virilem sexum ascendentem et in*

*potestate dotatam personam habentem.... ex stipulatu ac-*
*tionem donamus,* Il résulte de là, incontestablement, que
désormais un ascendant paternel qui n'a pas la fille, ou sa
petite-fille en sa puissance doit être considéré comme
*extraneus* dans le sens de la constitution, et que le droit
à la restitution de la dot ne lui appartient pas, mais bien
aux héritiers de la fille émancipée (Comp. Francke dans
les archives, liv. xxvi, p. 433 et suiv.; v. aussi Zimmern,
Rechtsgesch i, p. 622 et Unterholzner ii, p. 442, note C.).
La leçon de ce texte dans quelques manuscrits : *et in po-*
*testate dotatum personam (non) habentem*, doit certainement être rejetée, puisqu'elle ne donne qu'un sens lou-
che, et qu'elle est contraire à la leçon de l'immense majorité des manuscrits (v. la note 4 dans Herm., ad. h.
leg. et les Basiliques xxix, 1, Fr. 119, apud Heimbach iii,
p. 487).

La glose sur cette loi peut venir en aide au texte en
expliquant les paroles décisives de la manière suivante :
*Un extraneus est quiconque, autre que l'ascendant paternel,*
*et que celui qui a la puissance sur la fille dotée.* D'après
cela, le sens serait qu'on exclut du nombre des *extranei*
d'abord tous les ascendants paternels (même n'ayant pas
la puissance), est de plus ... rère adoptif qui a cette puissance. Cujas (ad, h., t. I, ix, p. 826, et in lib. quæst.
Paul, ad leg. 71 de evict. t. v. p. 1126) veut, au contraire, restreindre tout ce passage au seul cas où le mariage est dissous par le divorce et où la femme elle-même
est encore vivante; et cette opinion paraît aussi tacitement
admise par les juristes modernes, puisqu'ils ne mention-
nent pas même ce texte dans le débat. Mais notre opinion
peut encore s'appuyer sur la comparaison du passage dé-
cisif de notre constitution avec un autre texte, c'est-à-dire,
la loi 4, Cod. sol. matr. 5, 18 Alexander : « *Dos a patre*
*profecta, si in matrimonio decesserit, mulier filia familias*

*ad patrem redire debet,* » quoique ce texte, considéré *iso-lément,* ne puisse avoir par lui-même une grande importance, puisqu'un argument *à contrario*, tiré de la rédaction d'un rescrit, est toujours peu sûr, attendu qu'on avait l'habitude de conformer la rédaction de la réponse au cas précis soumis à l'appréciation du prince. Du reste, la loi un., § 13, de rei uxor. actione, précitée, ne décide qu'un seul cas, celui où le restituant *avait déjà émancipé sa fille*, lors de la constitution. Alors on se demande encore ce qu'il faut décider, *si lors du pacte* la puissance paternelle existait encore, mais que plus tard le père a émancipé sa fille ?

Que la stipulation tacite du père qui était ici établie dès le début sans aucun doute, s'éteigne ensuite par une émancipation postérieure, c'est ce que Justinien n'exprime nulle part, et par conséquent, en ce cas, il faut préférer même, sous Justinien, le droit du père à celui des héritiers de la femme. Pour cette opinion milite encore l'admission des textes précités des Pandectes dans la compilation de Justinien, puisqu'ils peuvent s'appliquer, sans en forcer le sens, au cas d'une *émancipation postérieure*, et que, dans le sens restreint, ils ne forment aucune contradiction avec la constitution de Justinien. Aussi, en définitive, on doit admettre, sur le droit de ce prince, la règle bien simple que l'émancipation *antérieure à la constitution de dot*, exclut le retour légal du père, mais qu'il n'est pas supprimé par l'émancipation survenue depuis.

Quant à la célèbre question déjà débattue sous les glossateurs (v. supra, p. 24), de savoir : *« si le droit de retour compète encore au père alors que la fille a laissé des enfants,»* Justinien ne change ici qu'en ce qu'il supprime la rétention *propter liberos* ( L. un. § 8, Cod. de rei uxor act. ), et par conséquent, désormais, la dot profectice doit revenir en entier au constituant, même quand il y a des enfants. Cela s'accorde parfaitement avec ce qui est dit en plusieurs textes, sans distinction, que la dot profectice revient au père quant le mariage est dissous par la mort de sa fille ( L. 17, ad. S. C. Mac. 14, 16; L. 6, pr.; L. 78, § 1, de jure dot.; L. 10 pr. solut. mat.; L. 4, Cod. Sol. matr., etc. ).

Tigerström a une opinion tout à fait originale sur notre question. En effet, ( au tome II, p. 84 et suiv. ) il pose les principes suivants pour le cas où le mariage est dissous par la mort de la femme. Il n'y a ici aucune différence à faire *entre la dot profectice et la dot adventice;* mais la dot revient aux héritiers de la femme, et, par conséquent, d'abord aux enfants s'il en existe. Cela s'appliquait d'une manière générale quand la femme était morte comme *mater familias,* sans distinguer si elle l'était devenue par l'émancipation ou par la mort de son père. Mais si elle était morte *filia familias,* alors il faut admettre la même règle pour la propriété de la dot; mais la jouissance et l'administration passent, en pareil cas, au père survivant.

# ANCIEN DROIT FRANÇAIS.

« Le bien-être d'un peuple ressort assurément
» de la moralité et de la sainteté du mariage. »

(Mittermaier, *Revue de législ.*, t. vin, p. 401.)

## COMMENT LES PRINCIPES DE LA DOT ROMAINE SE SONT-ILS MAINTENUS DANS LE MIDI DE LA FRANCE.

Le mariage a une si grande importance, que de sa bonne
ou mauvaise réglementation dépendent les destinées des
familles, des sociétés et des peuples entiers.

Les principes qui régissent l'association conjugale ont
dû varier avec le génie des sociétés anciennes, avec
leurs mœurs, leurs habitudes et peut-être même avec leurs
traditions historiques.

C'est aussi par suite de ces traditions, et non par le
résultat d'un raisonnement philosophique *à priori*, ou d'une
législation imposée, que la France fut divisée en deux zones
distinctes sous le rapport du régime matrimonial, c'est-
à-dire en pays de droit écrit et en pays de droit coutumier.

Les limites de notre travail ne nous permettent pas de
rechercher les causes de la conservation du Droit romain
dans le Midi. Il nous paraît seulement que les Romains
étaient plus fortement établis dans le Midi de la Gaule que

dans le Nord. Cette région fut moins profondément pénétrée par l'invasion. Il résulta de là que les lois étant alors personnelles, et non territoriales, la loi romaine continua ainsi à s'appliquer à un plus grand nombre d'habitants que dans le Nord; qu'enfin, les Visigoths et les Bourguignons, qui occupèrent d'abord le midi et l'est de la Gaule, ayant composé des lois romaines pour les vaincus avec des fragments des jurisconsultes de l'époque classique et du Code Théodosien, entretinrent l'usage légal du Droit romain. Il est même à remarquer que l'un de ces recueils, le *Breviarium Alaricianum*, resta en vigueur jusqu'au ix° et x° siècles, c'est-à-dire longtemps après la chute du royaume des Visigoths (1).

Le droit de Justinien devait donc se plier facilement aux mœurs et aux intérêts d'un peuple auquel le Droit romain n'avait jamais entièrement cessé d'être appliqué; aussi quand la prise d'Amalfi par Lothaire, en 1135, amena la découverte d'un manuscrit des Pandectes, l'enseignement de ce droit ressuscité prit un grand essor sous l'impulsion d'Irnerius de Bologne. Les tribunaux le pratiquèrent dans tout le Midi, et il se répandit sur divers points de l'Europe, où il devait bientôt servir de base aux législations modernes (2).

Toutefois, il ne put renverser les coutumes déjà formées dans le nord de la France, sous l'influence plus forte des

(1) V. de Savigny, Histoire du Droit romain au moyen âge, ch. 5 § 07.

(2) M. de Savigny (Op. cit., ch. 5, § 35, 37 et 104), et d'autres auteurs, ont contesté que la renaissance du droit de Justinien n'ait été que la suite de cette découverte. Nous ne nions pas qu'il y ait eu auparavant quelque usage des *Constitutions* de Justinien; mais l'enseignement d'Irnerius et la véritable renaissance du Droit romain offrent une coïncidence trop frappante avec la découverte du manuscrit des Pandectes pour qu'il soit nécessaire de sacrifier complètement une conjecture si plausible à celles qu'on a proposées pour le combattre.

idées germaniques et d'une organisation féodale plus énergique.

La France se trouva ainsi régie , sous un même sceptre, par deux législations qui n'avaient ni même origine, ni mêmes principes, ni mêmes tendances.

La Loire semble avoir été la limite des grands domaines de ces deux législations , et cette division se justifie encore par la domination des Francs au Nord , des Bourguignons à l'Est et des Visigoths au Midi. Ainsi, les pays soumis au Droit romain (pays de droit écrit), étaient : à l'Ouest , le ressort du Parlement de Bordeaux , moins la partie septentrionale de la Saintonge ; au Sud, le Lyonnais ; une partie de l'Auvergne , et tout le ressort du Parlement de Toulouse ; à l'Est celui de Grenoble et une partie de celui de Dijon.

Le reste de la France était pays coutumier.

Une controverse ne cessa de diviser les romanistes et les coutumiers jusqu'à ce que la Révolution de 1789 y mit un terme en donnant raison aux deux écoles , c'est-à-dire en absorbant les deux éléments opposés dans un seul Code applicable à toute la France régénérée.

### De la dot et de sa restitution dans l'ancien droit français (1).

La dot, dans l'ancien droit français , peut, comme en droit romain, être définie: les biens que la femme apporte au

(1) Nous avons consulté entre autres , sur la matière de notre sujet , l'*Histoire du régime dotal et de la communauté en France* , par M. Ginoulhiac ;
Les *Recherches sur la condition civile et politique des femmes* depuis les Romains jusqu'à nos jours, par M. Laboulaye ;
L'*Histoire du Droit romain au moyen âge* de M. de Savigny ;
Le *Commentaire du titre du Contrat de mariage* , par Troplong.

mari pour lui aider à supporter les charges du mariage.

Mais ce n'est que sur les revenus seuls, sur les fruits et les intérêts de la dot, qu'il doit prendre ce qui est nécessaire pour subvenir à ses charges, et non pas sur les capitaux, qu'il doit, au contraire, conserver soigneusement pour les rendre un jour, sous peine d'une responsabilité personnelle sur ses propres biens. Simple administrateur des biens de sa femme, le mari ne peut les retenir que pendant le temps que ce droit dure.

Aussitôt qu'il est dégagé de l'obligation de supporter les charges du mariage, son droit s'éteint, et il doit, ou ses héritiers doivent pour lui, rendre et restituer la dot et tout ce qui en faisait partie.

## § 1. — *Causes qui donnent lieu à la restitution de la dot.*

Ce n'est pas seulement la mort naturelle du mari qui donnait lieu à la restitution de la dot; il y avait dans l'ancien droit français plusieurs autres cas qui y donnaient également lieu :

1° Quand le mari était mort civilement (1).

2° Il en était de même en cas d'absence du mari, qui était éloigné de sa femme par une condamnation criminelle où qui était demeuré longtemps absent sans avoir donné de ses nouvelles.

3° Si la femme avait encouru la mort civile, bien qu'elle n'ait été condamnée que par défaut, le fisc pouvait obliger le mari à délaisser le fonds dotal.

4° La femme pouvait encore obliger son mari à rendre sa dot, au moins en partie, pour doter ses enfants.

(1) La mort civile est abolie (l. 31 mai 1854).

5º En cas de séparation, soit de biens, soit d'habitation, la femme avait le droit de demander la restitution de la dot.

Nous avons vu qu'en droit romain, la dot devait être restituée, même durant le mariage, quand le mari devenait insolvable; dans le droit de Justinien, quand il administrait mal. Cela avait passé dans l'ancienne jurisprudence française, qui avait admis pour ce cas la séparation de biens. Le Code civil a suivi ces principes.

Sans entrer dans les détails des effets produits par la séparation des biens, nous remarquerons qu'elle enlevait au mari et rendait à la femme la jouissance des biens dotaux et l'exercice des actions qui les concernent; qu'elle rendait les immeubles prescriptibles sans cependant les rendre aliénables. Toullier (xiv, 282, 3) prétend que la séparation des biens rend aussi les immeubles aliénables; mais ce n'était point là un principe admis par l'ancienne jurisprudence, et rien n'indique que les rédacteurs du Code aient eu l'intention d'innover. Il y a mieux, on trouve dans les procès-verbaux du Conseil d'Etat et dans les discours des orateurs du Gouvernement et du Tribunat des passages qui manifestent la volonté formelle de consacrer sur ce point les anciens principes.

§ 2. — *A quel moment doit se faire la restitution de la dot.*

Une des causes que nous venons d'énumérer étant survenue, nous allons rechercher à quelle époque devait être opérée la restitution de la dot.

Selon l'ancien Droit romain, les héritiers du mari n'étaient tenus de restituer la dot de la veuve qu'en trois termes (*annua*, *bima*, *trima die*, *id est tribus annuis pensionibus*). L'empereur Justinien, par la loi unique au Code *de rei uxor act.*, § 7, changea cette forme de rembourser la dot, et ordonna que la femme aurait la jouissance de ces immeubles du jour du décès de son mari ; mais quant aux sommes dotales qu'il avait touchées, il accorda aux héritiers du mari un an pour le paiement à compter du jour de son décès (Cod, civ,, art. 1564, § 3, et 1565, § 3).

Il résultait de cette loi un grave inconvénient ; car lorsqu'il arrivait que la dot de la veuve était mobilière, et que celle-ci n'avait pas d'autres biens, comme elle n'en pouvait demander la restitution pendant l'année du décès du mari, elle était exposée à manquer des choses les plus nécessaires, tant pour sa nourriture que pour son entretien, si les héritiers de ce dernier refusaient de lui donner des aliments. L'auteur de la Glose sur cette loi sentit cet inconvénient ; pour y parer, il mit dans une note que les héritiers du mari seraient tenus de fournir les aliments à la veuve pendant l'année de sa viduité. Cette interprétation a paru si naturelle et si équitable, qu'elle a été adoptée dans tous les pays régis par le droit écrit. C'est là qu'est l'origine des pensions viduelles, c'est-à-dire de l'obligation de nourrir et d'entretenir la veuve pendant l'année de sa viduité aux dépens des biens de son mari, sauf à elle de renoncer alors aux intérêts de sa dot ; et elle peut demander cette nourriture et cet entretien quand même elle n'aurait point apporté de dot à son mari (Cod. civ., art. 1570, § 2).

Le système du Code a été emprunté au Droit romain.

S'il s'agit de corps certains, meubles ou immeubles, l'obligation de les restituer est exigible dès qu'elle est née. S'il s'agit d'une somme d'argent ou de toute autre quantité, la restitution ne peut être exigée qu'un an après la cessation du droit du mari ( art. 1564, 5 ); et cela est très-raisonna-

ble, car, au premier cas, les corps certains, s'ils n'ont pas
péri par cas fortuits, ou par la faute du mari, sont en sa
possession quand naît l'obligation de les restituer ; rien ne
lui est plus facile que de les restituer immédiatement. Dans
le second cas, le mari n'a peut-être pas en sa possession
les sommes ou quantités dont il est débiteur ; un certain
temps lui est nécessaire pour se les procurer.

Dans quelques provinces du Droit écrit, la femme re-
prenait la jouissance de ses immeubles, rentes constituées,
pensions, vaisseaux, esclaves, et généralement de tout ce
qui est réputé immeuble ; mais quant aux sommes que le
mari a reçues, ses héritiers avaient un an pour les ramasser
et les rendre sans payer aucun intérêt, mais en nourrissant
la veuve ; car si celle-ci vivait ailleurs, les intérêts de sa dot
étaient dus de ce jour du décès du mari ou de la cessation
de son usufruit.

Lorsque c'est la femme qui était décédée la première, et
sans enfants, le mari, quoique exempt de toute charge,
jouissait du délai d'un an, sans payer aucun intérêt pour
la restitution de la dot de sa femme ; il avait donc plus d'a-
vantage que ses héritiers ( v. l'arrêt du Parlement de Toulouse, du 13 juin 1737 ). Cette faveur, dont les maris
jouissaient, leur a été retirée par le § 1 de l'art. 1870 du
Code civil.

Pour jouir du délai d'un an, le mari fut obligé de donner
caution, si on l'exigeait, qu'au bout de l'an il fit le remboursement ( L. 24, § 2, sol. matr. ); mais faute de la
donner on le condamnait de suite au remboursement de
la dot. Aujourd'hui, le mari ne peut plus être assujetti à
donner caution.

La veuve, quoique mineure, pouvait, dans l'ancien
Droit, valablement, et sans être assistée de curateur, re-
cevoir le remboursement de sa dot et libérer le débiteur.
En vertu de l'art. 482 du C. civ., on devrait aujourd'hui

lui donner un curateur. Que devait-on décider, s'il avait été stipulé dans le contrat de mariage que la dot ne serait rendue qu'aux mêmes termes fixés pour le payement? Dupérier ( Décisions l. 4, t. 2, p. 164 ). Despeisses et Boniface (t. 1, l. 6, tit. 1, chap. 2.), soutiennent que, s'il avait été stipulé dans un contrat de mariage que la dot ne serait rendue qu'aux mêmes termes fixés par le payement, une pareille convention était illicite. Henrys ( L. 4, chap. 3, quest. 9 du t. 2 ), soutient qu'elle doit avoir son effet. Il rapporte un arrêt qui le jugea de même. Bretonnier improuve cet arrêt. Dans la *Bibliothèque du Droit français*, par Buchel, sous le mot *dot*, il y a un titre exprès au sujet de cette question en ces termes : *Pacte que la dot sera rendue en semblables termes qu'elle aura été payée, n'est valable.*

Les auteurs modernes ont examiné le point de savoir si les époux peuvent stipuler dans leur contrat de mariage que la dot sera restituée à un terme plus éloigné que celui fixé par la loi; et la plupart ont décidé qu'une telle stipulation est licite (Delvincourt, t. 3, n° 345; Tessier, t. 2, p. 286; Zachariæ, § 540; édit. de MM. Aubry et Rau, MM. Rodière et Pont., t. 2, n° 625).

*A fortiori*, la stipulation d'un délai plus court serait permise, car la condition de la femme en est rendue meilleure ( Tel est l'esprit de la l. 14, D. *de Pactis dotalibus*, 23,4 ).

### § 3. — *A qui la dot doit-elle être restituée ?*

Dans la législation de Justinien, le mari ne gardait jamais la dot ( sauf le cas d'adultère de la femme ). Malgré cela, plusieurs coutumes des pays de Droit écrit avaient conservé l'ancien Droit romain, qui faisait gagner au mari la dot adventice lorsque la femme mourait *in matrimonio*

( v. Cout. de la Viguerie de Toulouse, part. iii, art. 2 et 3 ;
Cout. de Bordeaux, art. 47 ). Il en était de même à Mont-
pellier, à Cahors, à Montauban. Quelques coutumes lo-
cales d'Auvergne donnaient au mari survivant la moitié de
la dot. La dot devait être restituée à la femme si elle survit ;
à ses héritiers, si elle est prédécédée. Les héritiers sont
quelquefois des ascendants donateurs de la dot, qui exer-
cent le droit de retour. La dot peut aussi être restituée au
constituant, mais il faut pour cela qu'il en ait expressément stipulé le retour. Si la femme était encore mineure à
la dissolution du mariage, elle devrait se faire nommer un
curateur, sans quoi les héritiers du mari seraient fondés,
non pas à refuser de restituer la dot mobilière, mais de
lui en compter le capital, car, quoiqu'elle ait été émancipée par le mariage, l'émancipation ne lui donne pas le
droit de recevoir un capital mobilier et d'en donner dé-
charge sans l'assistance d'un curateur, qui surveillera l'emploi du capital reçu.

Sous l'empire du Code civil le mari ne peut plus gagner
la dot qu'en vertu d'une stipulation expresse du contrat de
mariage ou de la disposition que son épouse en a faite
pendant le mariage en sa faveur

## § 4. — *Quelles sont les choses qui doivent être restituées ?*

Pour savoir quels objets doivent être restitués, il faut
distinguer :

Lorsque la femme est restée propriétaire des objets mobiliers ou immobiliers constitués en dot, le mari en est
devenu débiteur ; comme débiteur de corps certain, il doit
es rendre en nature et dans l'état où ils sont au moment

où naît l'obligation de les restituer. Ces choses étant au risques et périls de la femme, elles se sont améliorées à son profit ou détériorées à son préjudice. Toutefois, si le mari est l'auteur de l'amélioration, sa femme doit lui rembourser le montant des dépenses nécessaires, ou une somme égale à la plus value, résultant des dépenses utiles. Réciproquement, si les détériorations provenaient de la faute du mari, indemnité est due à la femme pour le dommage qu'il a causé. C'est au mari à prouver l'existence de cas fortuits, qui a détruit ou détérioré les choses à restituer ; constitué débiteur par la réception de ces objets, c'est à lui de prouver sa libération.

Quant aux objets dont le mari est devenu propriétaire, s'ils ont été mis à prix par le contrat de mariage, la restitution se fait au moyen du payement de l'estimation portée dans ce contrat. Pour ceux qui se consomment par l'usage ou qui, par leur nature, sont destinés à être vendus, la restitution s'en opère, à défaut d'estimation, soit au moyen de la remise d'une pareille quantité d'objets de même qualité, soit au moyen du payement de leur valeur au moment de la cessation du droit du mari. Peu importe que les choses dont la propriété lui a été transférée aient augmenté ou diminué de valeur, car elles étaient à ses risques et périls.

Cette théorie est applicable aux droits d'usufruit, rentes viagères, créances et actions commerciales. En général, le mari a droit à profiter de tout ce qui est usufruit, sans qu'il soit tenu de le rendre (v. Lacombe, au mot *dot*, p. 237). Au contraire, il est tenu de rendre à sa femme tout ce qu'il a touché des débiteurs de celle-ci, soit en capitaux, soit en intérêts qui étaient échus avant son mariage, n'y ayant que les intérêts qui ont couru pendant le mariage qui lui soient acquis.

Quant aux remises des créances dues à sa femme,

est évident qu'il ne peut en faire aucune, parce qu'il est bien le maître de recevoir les sommes dotales, mais non de les donner. Quand le mari a épousé une femme majeure *avec ses droits*, il n'est tenu de lui rendre, ou à ses héritiers, que ce qu'ils justifient qu'il avait reçu de sa femme ( v. l'arrêt du 15 avril, rapporté par Lacombe fils, ch. 4 ).

Il faut observer que, suivant les lois romaines, le mari n'est tenu de rendre la dot à sa femme qu'autant qu'il peut le faire sans se réduire à la mendicité ; mais ces lois n'étaient plus en usage dans l'ancien droit ( Coquille, 122 question ).

Disons quelques mots de la restitution des habits, linges coffres ou trousseau constitués en dot :

On entend par *trousseau* les habits, linges et hardes que la femme apporte avec elle en se mariant.

En Provence on ne se sert pas du mot trousseau, mais de *coffre*, parce que les hardes d'une femme étaient ordinairement renfermées dans un coffre, dans d'autres endroits l'on dit *troussail* ou *troussel*. Le trousseau était aussi appelé *serpoil* ( v. le Glossaire du Droit français à la suite des Institutes coutumières de Loysel, édition de MM. Dupin et Laboulaye ).

Quelques coutumes, en parlant du trousseau, disent seulement que les filles mariées venant à la succession de leur père et mère et autres ascendants sont tenues de rapporter le trousseau. En pays du droit écrit si le trousseau est estimé par le contrat de mariage à une certaine somme, cette même somme fait partie de la dot et en a les mêmes priviléges, de sorte qu'au décès du mari, la femme peut recouvrer son trousseau, comme si c'était une somme que le mari eût touchée, et indépendamment de cela, obtenir encore la délivrance des linges, robes et joyaux à son usage, suivant leur état au décès du mari (un arrêt du 6 août 1738 l'a jugé ainsi).

Nous ajouterons ici que non-seulement la femme ayant survécu au mari, reprend tout ce que son mari lui a acheté pour son usage, pendant leur mariage, ou qu'elle s'est fait elle-même, quoique aux dépens des biens de son mari, et cela, quand même elle en aurait fait au-delà du nécessaire.

Il en est de même à l'égard de ce que son mari lui a donné pour ornement et parures, pierreries, diamants, croix d'or ou autres bijoux. Un arrêt du Parlement de Toulouse (rapporté par Maynard, liv. 4, ch. 8) débouta les héritiers du mari de la demande qu'ils avaient formée contre la veuve en remise des habits de soie, des anneaux enrichis de pierreries et de plusieurs autres joyaux de grand prix, parce qu'on trouva qu'il n'y avait rien d'excessif eu égard à la dot. Ainsi, cet arrêt a proscrit la distinction que certains auteurs avaient faite entre ce qui est à l'usage journalier de la femme et ce qui n'est que de parade; d'où il suit qu'elle est autorisée à tout retenir.

S'il s'agissait d'une femme mariée en secondes noces et que le mari eût porté tous ces objets au-delà du nécessaire et de sa condition, l'on pourrait faire regarder cela comme avantage indirect et le faire réduire.

Quand la femme décède la première, ses héritiers ne peuvent réclamer contre le mari que ce qu'elle avait au temps de son mariage, et non les habits de noces, bagues et joyaux que le mari lui avait achetés.

Le mari n'est pas tenu non plus de rendre les habits de parade qu'il a donnés à sa femme, ni celle-ci les bagues et joyaux qu'elle a reçus des parents de son mari, parce que c'est à la considération de celui-ci qu'ils ont fait des présents à sa femme. L'on accorde donc plus à celle-ci qu'à ses héritiers, puisque ses derniers ne peuvent réclamer que ce qu'elle s'est elle-même constitué, tandis qu'elle

6

est en droit de retenir de plus tout ce que son mari lui
avait acheté, ou qu'elle s'était fait faire pour son usage,
pendant que le mariage a duré, quoiqu'elle l'ait au-delà
du nécessaire (v. Soulages, sur le tit. 5, de la *Coutume
de Toulouse*, p. 196).

La femme ne peut maintenant réclamer que les linges
et hardes à son usage (C. civ. art. 1566, § 2). Il a été
spécialement jugé que les diamants remis durant le mariage par un mari à sa femme, pour l'ornement de sa personne, sans qu'il en ait été fait à celle-ci donation réelle
et définitive, demeurent la propriété du mari ; par suite,
la femme n'a pas droit de se les faire attribuer exclusivement en cas de séparation de corps (Lyon, 3 juillet 1846 ;
Dalloz, 47, 2, 78).

## § 5. — *Comment les intérêts et les fruits de la dot entrent-ils dans sa restitution.*

Suivant les anciens usages, les intérêts de la restitution de dot étaient dûs dès le décès du mari (l. 1, § 7,
Cod. *de rei uxor. act.* ; v. Lebrun, de la *Communauté*, l. 3,
ch. 2, sect. 1, dist. 1, n° 14 ; art. 1570, C. civ.). On a
cependant élevé la difficulté, si ces intérêts courent de
plein droit, lorsque ce sont des collatéraux qui ont suc-
cédé à la restitution de dot.

Roussilhe (Dans son traité de la Dot, p. 393), pense que
cela ne peut faire de doute, c'est-à-dire que ces intérêts
sont dus aux collatéraux, comme à la femme ou à ses
enfants.

D'abord il invoque à son appui l'autorité de la *loi unique,*
§ 7, *au Code*, qui porte que les intérêts de la restitution
de la dot sont dus sans aucune distinction. Ensuite il cite

lés auteurs qui sont du même avis : Faber (Codé, sur la loi citée défin. 5); Déspeissos (t. 1, p. 448); Brodeau (sur Louet, lettre J. somm. 10, n° 8). Ce dernier n'y examine pas cette difficulté ; c'est donc son silence qu'on interpréta dans le sens du rejet de la distinction. La Thaummasière (l. 2, ch. 28, Décisions), dit aussi en termes précis que les intérêts de la restitution de la dot sont dus, quoiqu'elle soit réclamée par des collatéraux, aussi bien qu'à la veuve et à ses enfants ; c'est aussi l'avis de Basnage (sur l'article 368 de la Coutume de Normandie). Mornac (sur la loi dernière au Code *de rei uxor. act.*) prétend, à la vérité qu'on distingue entre la femme et ses héritiers collatéraux, et qu'on n'accorde point les intérêts à ceux-ci; il invoque même à ce sujet la jurisprudence. Bourjon (des *actions personnelles*, chap. 7, 31, 33 et 34) est du même avis et fait mention d'un arrêt du mois de juin 1672 qui parait l'avoir ainsi jugé.

Cependant Roussilhe (*loco citato*) a toujours vu décider le contraire. De plus la jurisprudence du Parlement de Paris était unanime pour accorder les intérêts de la restitution de dot aux collatéraux comme à la veuve, et décider que ce privilège n'est pas personnel à la femme ou à ses enfants, comme celui de la loi *Assiduis*. Enfin, des arrêts de l'an 1638 et du 13 juin 1734 (rapportés par M. de Juin, en son journal) ont jugé que les intérêts de la restitution de dot sont dus de plein droit, quoiqu'elle ait passé dans la ligne collatérale ou ait été cédée à un étranger.

Pour ce qui est de l'augment de dot, dans le ressort du Parlement de Paris, on en adjugeait les intérêts depuis le décès du mari ; dans les autres Parlements, on les adjugeait depuis la demande.

A l'égard de ce qui était dû pour habits de deuil et pension viduelle, les intérêts n'en étaient dus que du jour de la demande que la veuve ou ses héritiers en formaient (Traité des intérêts, p. 25).

Enfin, si le mari avait fait un don à sa femme, dans leur contrat de mariage, de bagues et joyaux, les intérêts de la valeur en étaient dus, comme de la restitution de dot, c'est-à-dire depuis le décès du mari.

Si l'événement qui donne lieu à la restitution de la dot est la dissolution du mariage arrivée par la mort du mari, ou par la séparation de corps ou de biens, les intérêts et les fruits courent encore de plein droit au profit de la femme du jour où est né pour elle le droit de la réclamer. Elle a, en outre, deux avantages dont ne jouissent pas ses héritiers :

1° Au lieu d'exiger les fruits et les intérêts de sa dot pendant l'année qui suit la dissolution du mariage, elle peut se faire fournir sa nourriture et son entretien pendant cette année. En cela elle est mieux traitée que la femme mariée sous le régime de la communauté, car celle-ci n'a droit à l'habitation et à l'entretien que pendant trois mois et quarante jours qui lui sont accordés pour faire inventaire et délibérer sur son acceptation ou sa renonciation à la communauté (art. 1465, Cod. civ.).

L'origine de cette faveur spéciale se trouve dans l'ancien Droit. Dans certaines provinces du droit écrit, les intérêts de la dot continuaient à courir au profit des héritiers du mari pendant l'année qui lui était accordée pour la restituer, mais par forme de compensation, et afin que la femme ne fût pas privée de toute ressource pendant ce délai, les héritiers du mari lui devaient la nourriture et l'entretien, même quand elle n'avait pas apporté de dot.

2° Quel que soit le parti que prenne la femme, lors même qu'elle opte pour les intérêts de sa dot, la succession du mari lui doit, sans imputation sur les intérêts auxquels elle a droit, l'habitation pendant une année et les habits de deuil.

Voyons maintenant comment se liquidaient entre les

époux et leurs héritiers les intérêts et les fruits des biens dotaux.

Selon le droit commun, les fruits civils s'acquièrent jour par jour, et les fruits naturels par perception. Cette règle reçoit son application sous le régime de communauté comme dans le cas d'un usufruit ordinaire.

Sous le régime dotal, au contraire, les fruits naturels et les fruits civils irréguliers y sont traités comme les fruits civils réguliers, en ce sens, qu'ils s'acquièrent comme eux jour par jour. Ils doivent être confondus dans une seule masse, qui se partage entre le mari ou ses héritiers, et la femme ou ses héritiers, dans la proportion du nombre de jours qui se sont écoulés à partir du jour anniversaire de la célébration du mariage jusqu'à celui de la cessation de la jouissance (L. b. D. sol. matr.).

Les frais de semence, de culture et de récolte se partagent de la même manière, c'est-à-dire, qu'ils se prélèvent sur les fruits.

Cette règle très-simple est quelquefois d'une application très-difficile dans la pratique.

§ 6. — *La femme pour pouvoir répéter sa dot, doit-elle justifier des quittances établissant que le mari en a été payé.*

La femme n'est, en général, admise à réclamer la restitution de sa dot, qu'à la charge de prouver qu'elle l'a réellement apportée. La règle qui met à la charge de la femme la preuve de l'apport de la dot reçoit aujourd'hui exception quand le mariage a duré dix ans depuis qu'elle était devenue exigible.

Dans l'ancien droit, lorsque le mariage a duré moins de

dix ans ; nul doute que la femme ne soit obligée de justifier que le mari avait reçu la dot ; si elle ne l'établissait pas,
elle n'avait d'action que contre ceux qui la lui ont constituée (Lebrun, de la *Communauté*, n° 40 ; Bourjon, Droit
commun 5, 2, p. 473).

Mais quand le mariage a duré plus de dix ans, à compter du jour des termes échus, quoique le mari n'ait pas
laissé prescrire l'action qu'il a pour demander la dot contre ceux qui l'ont constituée, cependant par une faveur
singulière qu'on a attaché à la dot, il est tenu envers sa
femme et ses héritiers du remboursement de la dot, ne
l'eût-il pas reçue, parce qu'on présume qu'après ce temps
il est payé : cette présomption n'a cependant lieu qu'à
l'égard de la femme et de ses héritiers ; les créanciers
de celle-ci exerçant ses droits, ne jouissent pas de la
même faveur, et ne peuvent répéter la dot contre le mari
ou ses héritiers qu'autant qu'ils justifient qu'elle a été
payée (v. *Les arrêts notables du Parlement*, arrêt 67, V. les
annotateurs de Duplessis, t 1, p. 600).

La femme ni ses héritiers ne peuvent non plus répéter la dot contre le mari, sans produire les quittances,
quoique après dix ans du dernier terme échu dans les
cas suivants :

1° Si la femme s'est dotée elle-même, parce qu'alors
elle est garante de sa propre action. Bourjon, t. 2, p. 473,
atteste que tel est l'usage du Châtelet.

2° Quand elle est devenue héritière de celui qui avait
promis la dot, parce qu'en ce cas, le mari n'est point en
faute, ne pouvant faire des poursuites contre sa femme.

3° Quand le mari a fait des diligences contre ceux qui
ont promis la dot ; ces diligences le déchargent d'une présomption qui n'a rien de favorable (Bourjon, au lieu cité
ci-dessus).

4° Si la femme s'est fait séparer de biens d'avec son mari

avant les dix ans de l'échéance du terme, parce qu'elle peut agir du jour de la séparation.

5° Quand les père et mère ou une autre personne n'ont point fourni la dot *de suo*, mais ont promis une somme à la fille pour lui tenir lieu de sa légitime, ou par forme de restitution d'un don ou d'un legs dont ils étaient chargés envers elle; en ce cas, l'action pour le paiement de la dot étant subrogée à celle que la fille avait pour le paiement de sa légitime, ne peut se prescrire que par trente ans. (Arrêt du 7 juin 1636, rapporté par Brodeau.)

Lorsque les affaires du père se sont dérangées avant les dix ans du mariage, l'on ne peut présumer le paiement de la dot par lui promise ; mais le mari est obligé de justifier qu'il n'a laissé rien perdre par sa faute.

Les quittances qui sont rapportées, même sous seing privé, suffisent pour faire condamner le mari ou ses héritiers à rendre ce qui a été constitué par le contrat, quoique ces quittances aient été faites pendant le mariage, pourvu qu'elles soient relatives au contrat, et qu'il n'y ait pas de preuve que c'est un don déguisé (arrêt du 3 août 1682, rapporté au *Journal des Audiences*); à plus forte raison lorsque la quittance a été fournie au beau-père ou à un étranger qui a constitué la dot. (Lebrun, de la *Communauté*, l. 3, ch. 2, sect. 2, dist. 5, n° 47, et les auteurs par lui cités.)

Mais quand il n'y a pas d'obligation souscrite dans le contrat, Lebrun dit que la quittance faite postérieurement aux parents ou autres doit porter numération des deniers, ou il doit être prouvé par ailleurs qu'elle provient de tel don; et lorsque c'est la femme qui produit la quittance, il faut qu'il paraisse d'où procédaient les deniers dotaux, parce que régulièrement, les conjoints ne peuvent se fournir quittance : *qui non potest donare, non potest confiteri.*

Aussi la loi *qui testamentum,* (l. **27** *in fine* D. , *de probat. et prooe*), dit qu'un testateur ne peut pas se reconnaître débiteur d'une somme d'argent envers celui à qui il ne lui est pas permis de donner ou de donner au-delà d'une certaine quotité , à moins que la vérité de la dette ne soit justifiée par une autre voie. (Coquille, *Quest.*, 120.)

Il en est de même lorsqu'une femme a reconnu certaines sommes à son mari dans leur contrat de mariage ; s'il ne paraît pas de quelque emploi, ou du moins de quelque forte présomption, que l'argent a été employé, la reconnaissance est nulle, et les héritiers de la femme dispensés de remettre la somme qu'elle a reconnue à son mari, ce qui doit avoir lieu quand même le contrat porterait la réelle numération, parce qu'il est à présumer que le mari s'est de suite fait rendre ce qu'il avait remis à sa femme.

Si la reconnaissance a été faite par la femme conjointement avec son père ou sa mère , alors le mari est dispensé de prouver l'emploi de la somme qui lui a été reconnue , et elle doit lui être rendue s'il n'était marié qu'en premières noces.

Lorsqu'un homme qui a des enfants d'un premier mariage convole en secondes noces sans passer de contrat de mariage , ou bien s'il le passe sans déclarer en quoi consiste la dot de sa seconde femme , et que dans la suite il fasse une déclaration, soit par testament ou autres actes, portant qu'il reconnaît qu'il a reçu telle somme de la dot de sa femme, une pareille reconnaissance ne suffit pas , et il faut, pour que celle-ci puisse répéter la somme que son mari a déclaré avoir reçue , qu'elle établisse d'où est provenu l'argent qu'il a reconnu avoir reçu de sa femme.

Il en est de même si le mari a reconnu une somme à la femme sans l'avoir touchée , parce que, ne pouvant donner à sa seconde femme qu'une portion d'enfant le moins prenant, il faut qu'elle justifie d'où proviennent les sommes que le mari lui a reconnues, sinon la reconnaissance est nulle. (V. Lebrun, de la *Communauté*, l. 3, chap. 2, sect. 2, dist. 5, n. 48.)

Lorsque le mari a fourni quittance dans son contrat de mariage de l'entière dot de sa femme, et qu'il s'est ensuite contenté d'une obligation, en son nom seul, de la part de celui qui a constitué la dot, bien qu'à la dissolution du mariage cette obligation soit encore due, le mari n'en est pas quitte en la remettant à la femme ou à ses héritiers, lesquels ne sont pas obligés de la recevoir en paiement, (Domat, liv. 1, tit. 9, sect. 3, n. 4), dit : « Si le mari change la nature d'une dette qui est du bien dotal, en l'innovant, le changement sera à ses périls, et il demeurera chargé de la dette comme s'il l'avait reçue. » Il ajoute au n. 5 que : « le mari qui reçoit des intérêts d'un débiteur de la dot sursoyant par là au principal qu'il pouvait exiger, sera tenu de la dette si au débiteur devient insolvable. »

Il est vrai qu'on dit que deux actes passés le même jour entre les mêmes parties sont présumés ne faire que le même acte ; mais cela a lieu quand il n'y a pas des tiers intéressés. Ainsi, l'obligation qui est faite pour la dot quittancée le même jour qu'a été dressé le contrat de mariage dans lequel la femme est partie, est dans le cas d'être remise, parce que la femme ne peut pas dire qu'on a voulu la frauder ; c'est d'ailleurs une suite du contrat de mariage. Mais lorsqu'elle n'y est pour rien, il n'est pas juste qu'on l'oblige à reprendre un acte auquel elle n'a pas donné son consentement ; c'est même une contre-lettre au contrat qui ne peut obliger la femme.

Si l'obligation a été faite en faveur de la femme, et qu'elle se la soit constituée en dot, alors le mari n'en ayant pas été payé, en est quitte en la remettant, parce qu'on ne peut lui rien imputer, puisqu'il n'a rien changé. Cependant, pour que la femme soit obligée de la recevoir, il faut que le mari ne l'ait pas laissé prescrire, ni attendre que le débiteur devint insolvable; car si elle était prescrite, ou que le débiteur fût devenu insolvable pendant le mariage, la responsabilité en retomberait sur le mari. (Cambolas, liv. 1, ch. 48.) La loi 71 D., *de jure dot.*, avait aussi posé le principe de cette responsabilité.

Enfin, la déclaration faite par le mari dans son testament qu'il a été payé de la dot de sa femme n'a pas le même effet qu'une quittance. (V. Danty, *de la preuve par témoins*, addit. sur le ch. 14.)

### § 7. — *De la garantie accordée à la femme pour la restitution de sa dot.*

La loi *Assiduis* ( Code *qui potior. in pig.* ), qui donnait à la femme pour la restitution de sa dot une hypothèque tacite et privilégiée sur tous les biens du mari, et qui lui donnait une préférence à tous créanciers antérieurs au contrat de mariage, était successivement tombée en désuétude dans la plupart des Parlements des pays de droit écrit, et n'était observée dans les autres, notamment dans le ressort du Parlement de Toulouse, qu'avec certaines exceptions, lorsque le Code civil l'abrogea.

Pour avoir ce privilège, il fallait :

1° Qu'il y eût un contrat de mariage passé devant notaire : des articles sous seing privé non reconnus avant le mariage ne donnaient point une pareille hypothèque. (Arrêt du 7 juin 1710, cité par Serres, *loc. cit.*)

2° Que la quittance de la dot eût porté la numération des deniers lorsque c'est la femme qui s'était elle-même constitué la dot ; sans cela l'on présumait que c'était une libéralité déguisée de la part du mari, *dos concessa, et non numerata*. Quand c'était le père ou autre personne qui avait constitué la dot, quoique la quittance ne contint pas la réelle numération, on donnait à la femme la même hypothèque qu'on lui accordait quand la quittance faisait mention que la somme avait été payée comptant.

Cette préférence à tous créanciers étant un privilége extraordinaire, on avait, pour conserver les droits des créanciers antérieurs et diligents, introduit la dénonciation de l'hypothèque du créancier à la femme qui apporte une dot dans la maison où elle se mariait.

Cette dénonciation opérait l'effet que le créancier qui avait ainsi dénoncé prenait la place de la femme, c'est-à-dire qu'on allouait toujours la dot au premier rang. Cette dénonciation se faisait par un exploit. On exigeait, pour sa validité, qu'il eût été fait personnellement à la future épouse *en parlant à elle*. Si la dénonciation était faite seulement à domicile, elle était réputée nulle et non avenue, parce que ce privilége étant personnel, il fallait que cela se fît en parlant à la personne. Le droit de dénoncer à la future épouse était réservé à ceux qui avaient qualité pour demander. La dénonciation faite par un autre se portant fort pour le créancier n'opérait rien.

Le privilége qu'on accordait à la femme, dans le ressort du parlement de Toulouse, sur les créanciers, souffrait certaines exceptions ; car il y avait des créanciers qui ne perdaient pas leur privilége quoiqu'ils n'eussent pas dénoncé :

1º La taille, capitation, censive, droits seigneuriaux, frais de la dernière maladie et frais funéraires étaient toujours préférés à la dot de la femme, nonobstant qu'il n'y eût point de dénonciation.

2º Il en était de même des créances provenant d'un reliquat de compte de tutelle, pourvu que la gestion eût commencé avant le mariage, parce que, d'un côté, le mineur ne pouvait dénoncer pour acquérir la préférence d'hypothèque, et que, d'un autre côté, la femme est présumée connaître une pareille hypothèque.

3° Si un homme, qui avait été détenu en prison pour dettes, se mariait pendant ce temps, les créanciers qui l'avaient fait arrêter n'avaient pas besoin de dénoncer leur hypothèque à sa future épouse, parce que l'emprisonnement opérait le même effet que la dénonciation de l'hypothèque.

4° Il en était de même pour le créancier qui avait fait saisir réellement les biens du futur époux avant le mariage; alors la femme n'était allouée qu'après tous les créanciers, et la raison en était que la saisie générale fixait les hypothèques et droits des créanciers, de sorte qu'il n'était plus au pouvoir du débiteur, déjà privé de la possession de ses biens, de les soumettre à de nouvelles hypothèques (Catelan, liv. 4, chap. 36, fait observer que cela même a eu lieu quoique le contrat de mariage fût antérieur à la saisie, si la dot n'a été payée qu'après).

Les légitimes des frères et sœurs passaient avant la dot de leur belle-sœur, quoiqu'ils n'eussent point dénoncé leurs droits, parce qu'on séparait d'office les patrimoines du mari et de son père, et l'on allouait les légitimes sur la vente séparée des biens du père, afin qu'ils pussent être payés avant la dot de la femme; le privilège de celle-ci ne reposant que sur les biens de son mari.

Ce même privilège était personnel à la femme qui répétait sa dot, et ne passait qu'à ses enfants ou à ses descendants; de sorte que le créancier de celle-ci ne pouvait en exerçant ses droits, le faire valoir.

Quand la femme était décédée sans avoir demandé sa dot et qu'elle avait laissé un collatéral pour son héritier, celui-ci ne pouvait exercer le privilège de la dot.

Il en était autrement si la femme avait intenté l'action,

alors son privilége était transmis au collatéral ; si elle avait cédé sa dot, avec promesse de garantir, fournir et faire valoir, alors le cessionnaire pouvait aussi faire valoir le privilége de la dot, parce qu'il a été de l'intérêt de la cédante que la cession fût acquittée. Au surplus, il fallait, pour jouir du privilége et préférence d'hypothèque, que la femme eût fourni la preuve que la dot avait été payée en argent. La déclaration contenue dans le testament du mari, qu'il a été payé de la dot de sa femme, ne suffisait pas, et alors la femme n'était colloquée qu'après toutes les créances antérieures à la sienne ( v. Lebrun, de la *communauté*, liv. 3, chap. 2 1 ; dist. 5 , n. 47, et Larocheflavin, let. D, tit. 6, ar. 12 ).

Malgré l'abrogation du privilége de la loi *assiduis* par le Code civil, la femme n'est pas pour cela restée sans garantie pour la restitution de sa dot ( v. art. 1572 et 2135 Code civil, MM. Aubry et Rau sur l'art. 2135. )

## § 8. — *De la prescription de l'action en restitution de la dot.*

S'il est vrai que les lois aient donné droit au propriétaire ou au créancier de rechercher ce qui lui est dû, il est aussi certain qu'elles ont limité et prescrit un temps pendant lequel le propriétaire ou le créancier doivent agir. Lorsqu'ils ont gardé le silence pendant le temps requis pour prescrire, ils sont censés avoir abandonné la propriété, si c'est un bien fonds, et fait remise de la dette si c'est une créance ; en sorte que le possesseur acquiert la propriété si c'est un bien fonds, et le débiteur la libération si c'est une dette ( art. 2219, C. civ. ). On excepte de la prescription ceux qui n'ont pu agir à cause d'un légitime empêchement ; ( *contra non valentem agere, non currit præscriptio* ). Tels sont les mineurs, les femmes mariées, pour leurs biens dotaux, (v. *Traité de l'Usufruit*, Proudhon, t. 4, n° 2133 et suiv. ).

La femme a trente ans utiles pour réclamer la restitution de sa dot, après le décès de son mari. Telle est la règle générale ; mais, après cette époque il y a prescription, sauf les interruptions, telles que de droit. Toute interruption naturelle ou civile qui empêche la prescription de la dot, empêche aussi la prescription de la restitution de la dot.

Dans l'ancien droit, quand c'était un bien fonds, la femme pouvait le reprendre dès le décès du mari ; mais si c'était de l'argent, l'on accordait dans certains pays une année (Cod. civ. 1564-5). Suivant la l. 7 *cum notissimi* § *illud autem* (au Code de *Præscript.* 30, *vel* 40, annor.), la prescription commençait contre la femme pour la répétition de sa dot et autres conventions matrimoniales du jour de la dissolution du mariage ; mais suivant la loi unique, *cum autem* ( au Code *de rei uxor act.*), la restitution de la dot ne devait être faite qu'après l'an ; et la femme ne pouvant agir pendant l'année du décès, il semble que la prescription ne devait commencer à courir qu'après l'année du décès révolue, d'où il parait qu'il faut conclure que, ce n'était qu'après la trente-unième année du décès du mari que la prescription était acquise. Nonobstant ces raisons, il faut tenir que si, dans les trente ans du décès du mari ou de la femme, il n'y a pas de diligences faites ou des interruptions de droit, il y a prescription ; car l'on ne connait aucune prescription de trente-un ans.

Il est vrai que dans certains pays on jugeait que le mari avait une année pour rendre la dot de sa femme. L'art. 93 de la coutume de la marche n'accordait que trois ans pour la femme pour le recouvrement de ce que le mari a laissé prescrire. Mais cela n'empêchait pas que la femme ne pût agir dès l'instant du décès de son mari, parce que, si l'on

voulait opposer le temps qu'on accordait pour ramasser la
dot, elle pouvait obliger les héritiers de son mari à lui
donner caution, que la dot sera rendue l'année expirée;
et faute de la bailler, elle pouvait contraindre lesdits
héritiers à la payer de suite. Or, ayant droit d'agir dès le
décès du mari, c'est du jour de ce décès qu'on devait
compter la prescription,

D'après l'art. 2257 du Cod. civil, la prescription ne
court pas à l'égard d'une créance à jour fixe, jusqu'à ce
que ce jour soit arrivé. Or, la femme n'a contre les héritiers du mari qui détiennent sa dot mobilière, qu'une
créance, dont l'art. 1565 du même Code, fixe l'échéance
à un an à partir de la dissolution. En effet c'est seulement
à cette époque que la restitution de cette dot peut être exigée. Dès lors, l'action en restitution de la dot ne se prescrit elle-même, qu'à partir du jour de l'expiration de cette
année, le cours de la prescription d'une action ne pouvant
commencer avant que cette action soit ouverte. Mais il est
vrai, qu'en pays de droit écrit on suivait la l. 24, § 2. D.
*soluto matrimonio*, qui assujetissait les héritiers du mari à
donner caution, et qui, à défaut, les privait du délai fixé
pour la restitution, ce qui permettait à la femme d'agir
aussitôt après le décès de son mari. On doit répondre à
cela que l'art. 1565, en maintenant pour la restitution
de la dot mobilière le délai fixé par la loi de Justinien (au
Code *de rei uxor. act.*) n'a pas soumis les héritiers du mari à
donner caution, et ne leur a imposé aucune déchéance
(V. Merlin, rep. V, Dot, § II). La considération dont il
s'agit ne peut donc plus être invoquée de nos jours et aussi
la Cour d'Aix a-t-elle jugé par un arrêt du 21 avril 1836,
que la prescription de l'action en restitution de la dot mobilière ne court, au profit du mari ou de ses héritiers, qu'à
partir de l'expiration de l'année du décès (Devilleneuve,
362, 463; Dalloz, n° 4133) Troplong, n° 3638 s'est prononcé dans le même sens.

Quand la femme s'est fait séparer 'e biens ou de corps, la prescription court, non du jour de la demande en séparation , mais du jour qu'elle est ordonnée en justice, parce que la femme a le droit d'agir dès cet instant; et si elle laisse passer trente ans sans réclamer sa dot contre le mari ou ses héritiers, il y a prescription.

Mais pour cela, il faut que la femme ait demeuré hors de la maison de son mari ; si elle est restée ou a vécu avec l'héritier du mari, la prescription ne court pas pendant ce temps; et ce n'est que trente ans après qu'elle a quitté la maison de l'héritier de son mari que cette prescription s'accomplit, s'il n'y a pas des interruptions de droit. La prescription des reprises matrimoniales et avantages de survie de la femme sur les biens de son mari prédécédé est suspendue tant que la femme reste en jouissance commune de ces biens avec les héritiers de son mari (Grenoble, 30 mars 1818 : 4 août 1845 ; Devilleneuve, coll. nouv. 5, 46, 229; v. en ce sens Troplong, com. du titre de la prescription n° 266).

Les paiements qu'on fait à compte de la restitution de la dot interrompent aussi le cours de la prescription , mais il faut que la femme ou ses héritiers soient dans le cas de justifier desdits paiements par des quittances faites devant notaire et qu'elles aient été acceptées par le débiteur de la dot. D'après l'art. 2248, Code civ. le paiement d'un à-compte doit être encore considéré comme interruptif de la prescription ; il équivaut à une reconnaissance de la dette.

Mais il ne serait pas nécessaire d'établir le paiement de cet à-compte par une quittance authentique; car une lettre missive, a dit la Cour de Cassation, peut contenir une reconnaissance interruptive de la prescription (11 mai 1842, Devill. 42, 1. 380).

Si le mari a aliéné partie de ses biens, il faut que la femme agisse contre les tiers-détenteurs, dans les dix ans après le décès de son mari, si les tiers détenteurs possèdent avec titre et bonne foi ; si les tiers détenteurs n'ont pas été de bonne foi, il est clair qu'ils ne peuvent invoquer la prescription décennale (art. 1561, Code civil). Lorsque la femme a laissé écouler ce temps, il y a prescription, ce qui a lieu quand même l'instance aurait été intentée avant les dix ans, si on l'a laissé tomber en péremption, car cela n'est pas suffisant pour constituer le tiers acquéreur en mauvaise foi.

Selon l'art. 2247 du Code civil, l'effet interruptif résultant d'une assignation en justice est effacé lorsqu'on laisse périmer l'instance. De plus, l'art. 397 Code de proc. dit : que toute instance est éteinte par discontinuation de poursuites pendant trois ans.

# DROIT FRANÇAIS MODERNE.

———————

## De la restitution de la dot.

La dot n'étant donnée au mari que pour l'aider à supporter les charges du mariage, il s'ensuit qu'aussitôt que le mari est dégagé de ces charges, comme cela arrive par la dissolution du mariage par la mort naturelle, par la séparation des biens prononcée ou encourue avec les formalités prescrites par la loi, ou par l'absence déclarée de l'un des époux, il y a lieu à la restitution de la dot; la femme rentre alors dans l'exercice de ses droits et des actions dont le mariage l'avait dépouillée.

Nous diviserons notre matière en cinq paragraphes. Le premier traite des quittances de la dot et des présomptions qu'elle a été payée; le second a pour objet les délais qui sont accordés au mari pour la restitution de la dot; le paragraphe troisième explique quelles sont les choses que le mari est obligé de restituer et quelles actions sont données à la femme ou à ses héritiers contre lui; les impenses faites par le mari sur le bien dotal et qui diminuent de plein droit la dot sont le sujet du paragraphe quatrième; enfin, dans le cinquième paragraphe, il est traité du partage des fruits des immeubles dotaux lors de la dissolution du mariage.

## § 1. — *Des quittances de la dot et des présomptions qu'elle a été payée.*

La femme ou ses représentants ne peuvent exiger la restitution de la dot qu'à la condition de prouver son apport. Comment cet apport sera-t-il établi? Tel est l'objet du § 1.

Lorsque la dot n'a pas été payée lors du contrat de mariage, ce qui arrive assez ordinairement, et que ceux qui l'ont promise ont pris des termes pour l'acquitter, on peut demander si les paiements faits pendant le mariage sont valables par quelqu'acte qu'ils aient été faits.

Suivant la disposition des anciennes ordonnances renouvelées par l'art. 150 de celle de 1629, toutes les quittances de dot données à ceux qui l'avaient constituée, ou à leurs héritiers, ou ayants-cause, devaient être passées devant notaires, et attestées de deux témoins, dont l'un sachant signer, à peine de nullité des quittances; il devait aussi en rester minute.

Cette formalité tendait à prévenir les fraudes faciles à concerter, entre le mari et les débiteurs de la dot, contre les créanciers; et aussi, il n'y avait, suivant la remarque des auteurs, que les tiers qui eussent le droit de se prévaloir de ce défaut de formalités : les quittances n'en étaient pas moins valables à l'égard de la femme, ses héritiers, ses père et mère, ou autres débiteurs de la dot, contre le mari qui les avait signées, et contre ses héritiers.

Le Code civil n'a pas rapporté textuellement cette disposition de l'ordonnance de 1629 adoptée par l'ancienne jurisprudence. Cependant, en vertu du principe de droit qui permet aux créanciers de demander la nullité des actes faits en fraude de leurs droits, et d'après cette règle, que les actes sous signature privée ne font pas foi de leur date à l'égard des tiers, les créanciers du mari pourraient, suivant les circonstances, être admis à contester la validité des quittances de la dot données par le mari sous seing privé; et, dans le cas où le mari n'aurait pas pu faire des libéralités à la femme, de semblables quittances pourraient être critiquées comme simulées, et la femme serait obligée de fournir la preuve de la réalité du paiement. Il est beaucoup plus sûr de prévenir ces difficultés en passant la quittance de la dot devant notaires.

Si le mariage a duré dix ans depuis l'échéance des termes pris pour le paiement de la dot, la femme ou ses héritiers, peuvent la répéter contre le mari, après la dissolution du mariage, sans être tenu de prouver qu'il l'a reçue, à moins qu'il ne justifie de diligences inutilement faites par lui pour s'en procurer le paiement.

Cette disposition du Code civil (art. 1569) est conforme à ce qui s'observait dans les pays de droit écrit, d'après la Novelle 100 (chap. 2).

## § 2. — *Des délais que la loi accorde au mari pour la restitution de la dot.*

Le Code civil fait une distinction fort sage, et qui est conforme en partie au Droit romain.

Si la dot consiste en immeubles ou en meubles, non estimés par le contrat de mariage, ou bien mis à prix, avec déclaration que l'estimation n'en ôte pas la propriété à la femme, le mari ou ses héritiers peuvent être contraints de la restituer sans délai, après la dissolution du mariage (Cod. art. 1564).

Pourquoi le mari ou ses héritiers, demanderaient-ils un délai pour cette restitution, quand les choses qui doivent être restituées existent en nature, et qu'il ne s'agit que d'en faire délivrance?

On ne peut pas dire la même chose de la dot qui consiste en une somme d'argent, ou en meubles mis à prix par le contrat de mariage, sans déclaration que l'estimation n'en rend pas le mari propriétaire; car il n'est pas à présumer que le mari qui a reçu la dot de sa femme en argent, ait conservé cet argent sans le placer ou en faire un emploi utile; ce serait donc compromettre le plus souvent la fortune du mari et l'obliger à déranger ses affaires, que d'exiger de lui le rembonrsement de la dot aussitôt après la dissolution du mariage : la loi lui accorde un an pour retirer les fonds et les restituer.

Que devrait-on décider de la stipulation faite dans le contrat de mariage, par laquelle la femme se serait obligée à n'exiger la restitution de la dot qu'à des termes plus reculés que ceux que le Code donne au mari? Les lois romaines déclaraient nulle une pareille stipulation sur le fondement de ce principe, que la femme pouvait bien faire sa condition meilleure, relativement à la restitution de la dot, mais non pas la rendre plus mauvaise. La femme avait, néanmoins, après la dissolution du mariage, la faculté de convenir, pour la restitution de la dot, d'un plus long délai que celui que la loi accordait au mari, et cette convention était valable (1. 16, 17 et 18, D. *De pact. dot.*). Le Code civil ne s'étant pas expliqué sur cette question, les tribunaux maintiendraient probablement la convention, si elle n'était pas trop onéreuse à la femme. On peut voir cette question traitée par Henrys (1. 4, ch. 3, quest. 9); mais si cette stipulation était évidemment préjudiciable à la femme, et mettait la dot en danger, la nullité pourrait en être prononcée par une application de l'art. 6 du Code civil, qui défend de déroger, par des conventions particulières, aux lois qui intéressent l'ordre public : car les lois qui veillent à la conservation de la dot des femmes, et à sa restitution, ont toujours été regardées comme des lois d'ordre public.

Il est à remarquer que quoique le mari ait le délai d'une année pour restituer la dot qui consiste en argent, il en doit cependant les intérêts du jour de la dissolution du mariage, ainsi que les fruits de la dot qui consiste en immeubles ; car il ne serait pas juste que le délai accordé au mari fût préjudiciable à la femme ou à ses héritiers. Si le mariage est dissous par la mort du mari, la femme, au lieu d'exiger les intérêts de sa dot pendant l'an de deuil, a le choix de se faire fournir des aliments pendant ledit temps aux dépens de la succession du mari (C. art. 1570).

On comprend sous le nom d'aliments tout ce qui est nécessaire à la veuve pour son existence et son entretien, selon sa condition et son état. Cela était observé dans tous les pays régis par le droit écrit, et c'est ce qu'on y appelait pensions viduelles.

Dans le cas même où la femme préfère exiger les intérêts de sa dot pendant l'année de deuil, elle a le droit de se faire payer, par la succession du mari, durant cette année, son habitation et ses habits de deuil, sans imputation sur les intérêts à elle dus. Il y aurait une sorte d'inhumanité à priver une veuve de son habitation dans le domicile de son mari, de l'obliger à payer un loyer considérable ou de la mettre dans la nécessité de changer ses habitudes immédiatement après la mort de son mari.

Quant au deuil, c'est un devoir que doit la femme à la mémoire de son mari ; il est convenable que les héritiers du mari en paient les frais, c'est-à-dire pour les habits, linges, hardes, équipages et meubles qu'elle doit avoir pendant l'année de son deuil, ce qui s'estime selon la condition et les facultés du mari au temps de son décès.

Suivant le Droit romain, le mari ne pouvait être condamné envers la femme pour restitution de la dot que jusqu'à concurrence de ses facultés, et qu'autant qu'il pouvait la payer sans être réduit à la mendicité (l. 12 D., *sol. matr.*) Mais ce privilége personnel au mari ne s'étendait pas aux héritiers (l. 12, *ibid.*). Ces lois n'étaient pas en usage dans notre ancienne jurisprudence (V. Coquille, Quest., 122). On pouvait dire qu'aucune disposition d'ordonnances ou de coutumes ne résistait à ces lois de bienséance et d'équité, et le Code ne les réprouvant pas non plus, elles pourraient donc encore être invoquées aujourd'hui, sinon comme lois, au moins comme établissant un privilége raisonnable et conforme aux sentiments d'union et d'amitié qui doit régner entre les personnes unies par le mariage. Cependant, les textes des art. 2092 et 2093 C. C. ne permettent guère d'appliquer cette solution, sauf à invoquer les art. 212, 214 et 1448 du Code civil, en cas de séparation de biens.

§ 3. — *Quelles choses le mari est obligé de restituer, et quelles actions sont données à la femme ou à ses héritiers contre lui.*

Lorsque la dot a été constituée en argent ou en choses qui se comptent au poids, au nombre ou à la mesure, telles que le blé, le vin, l'huile, et en général toutes les choses que les jurisconsultes appellent fongibles (*res fungibiles*), ou de meubles constitués avec estimation, la propriété de ces choses données en dot appartient au mari du moment de la tradition qui lui en est faite, et ce ne sont pas les mêmes choses identiquement qu'il doit rendre lors de la dissolution du mariage ; car alors la dot serait inutile entre ses mains, mais des choses de la même espèce et qualité. Il est considéré comme un quasi-usufruitier des choses qui se consument par l'usage, et il est soumis aux mêmes obligations.

Du principe que le mari est propriétaire des choses fongibles constituées en dot, du moment de leur tradition, il s'ensuit que si elles viennent à périr, ou s'il les perd ou les emploie inutilement, c'est pour lui seul que la chose se perd : c'est une conséquence de la maxime de droit que la chose périt pour celui qui en est propriétaire.

Ainsi, le mari qui reçoit la dot de sa femme en argent devient débiteur des sommes qu'il a reçues ; et s'il fait de mauvais placements, ou s'il éprouve des faillites pour les deniers dotaux, il n'en reste pas moins débiteur de la dot pour toutes les sommes qu'il a touchées, sans pouvoir faire supporter à sa femme aucune partie dans les pertes qu'il a essuyées.

Si le mari a acheté un immeuble avec les deniers dotaux, la femme n'en est pas pour cela propriétaire (l. 12, Cod. de jure dot.). L'immeuble appartient au mari, qui continue à rester débiteur de la dot ; il ne pourrait pas obliger la femme ou ses héritiers à recevoir cet immeuble en paiement de la dot dont il est débiteur, de même que la femme ou ses héritiers ne seraient pas fondés à prétendre que cet immeuble doit leur être cédé comme représentant la dot, à moins cependant qu'en constituant la dot en argent, il eût été stipulé que le mari ferait emploi de l'argent en immeubles qui seraient la propriété de la femme (Cod. civ., art. 1553).

En Droit romain, la femme pouvait revendiquer les immeubles que le mari avait acquis avec les deniers dotaux, dans le cas où il était insolvable. Ces biens devenaient alors subsidiairement dotaux : c'est dans ce sens que les auteurs et l'ancienne jurisprudence avaient interprété la loi *res quæ*, 54, **D.** *de jure dot.*). Mais cette jurisprudence ne peut plus être invoquée pour les femmes mariées sous l'empire du Code.

Les meubles de la femme qui ont été livrés au mari sans que la propriété lui en ait été transmise continuent de rester aux périls et risques d la femme ; s'ils ont dépéri par l'usage et sans la faute du mari, il n'est tenu de rendre que ceux qui restent dans l'état où ils se trouvent. La propriété des meubles de la femme n'est pas censée avoir été transmise au mari par cela seul qu'il a signé un état de ces meubles.

Cette transmission de propriété ne peut résulter que d'une stipulation expresse, ou de l'estimation donnée aux meubles, et il est plus juste de présumer que le mari, en signant l'état des meubles de la femme, a voulu seulement constater quels meubles elle apportait dans la maison de son mari (l. 12 princ., l. 9, § 3, **D.** *de jure dot.*).

Dans le cas où la femme se serait constituée en dot, et avec estimation, les linges et hardes à son usage, ce qu'on appelait, dans les pays de droit écrit son *trousseau* ou son *trousseil*, elle peut retirer ces linges et hardes qui sont à son usage actuel, à la charge de tenir compte de leur valeur (Cod. civ., art. 1366). Cette disposition ne fait aucun tort au mari, et il y aurait une sorte de dureté à priver la femme du linge et des hardes qui sont à son usage.

La dot se compose quelquefois de contrats ou obligations, ou de constitution de rente qui étaient dues à la femme ou à ceux qui constituent la dot. Si le mari a reçu le payement des obligations ou le remboursement des rentes, il est débiteur de toutes les sommes qu'il a touchées ; mais il peut arriver que le mari n'ait pas reçu le payement de ces obligations par le défaut de solvabilité des débiteurs, et que la femme soit exposée à perdre tout ou partie de la créance donnée en dot. Le mari est-il responsable alors de l'insolvabilité des débiteurs ?

On distingue si cette insolvabilité peut être imputée à la négligence du mari, ou s'il n'y a de sa part aucune faute : dans le premier cas, il n'est point tenu de l'insolvabilité des débiteurs, et il est quitte envers la femme, ou ses héritiers, en restituant les contrats (Cod. civ., art. 1567); dans le second, il peut être condamné à réparer les dommages causés par sa négligence.

( C'est d'après ce principe que Paul, dans la loi 49, D. solut. matr. L. 56, D. de jure dot., décide que le mari, à qui on ne peut imputer ni faute ni dol dans la poursuite d'une créance donnée en dot, n'en est pas responsable ).

Si le mari a fait novation d'une créance donnée en dot, il devient responsable du payement de cette créance, qui, avant la novation, était aux risques et périls de la femme, ( parce que le mari a reçu la nouvelle créance à titre de *datio in solutum* de l'ancienne ). Il en serait autrement si le mari avait accordé un délai au débiteur qui était dans l'impossibilité de payer; l'insolvabilité de ce dernier, survenue depuis, ne le regarde pas, car il n'a fait que ce qu'aurait dû faire un bon père de famille soigneux et diligent; mais si le mari, au lieu de se faire payer des créances constituées en dot renouvelle ces créances à leur échéance et continue d'en recevoir les intérêts, il suit alors la foi du débiteur, et il est garant de l'insolvabilité qui surviendrait dans la suite; de même que si les fonds lui eussent été payés. ( Cette solution me semble toutefois rigoureuse. )

Il est presque inutile d'observer que le mari ne peut, sans le consentement de la femme, faire remise de la créance qui lui a été constituée en dot, quand ce serait par son beau-père dans l'indigence. Une telle remise peut bien libérer le débiteur, mais le mari en est responsable, car il n'a pas la faculté de donner ce qui appartient à la femme ( L. L, 35, 41, § 3, 7, 66. D. de jure dot. ).

Il faut remarquer qu'il y a des circonstances où le mari n'est pas tenu de l'insolvabilité des débiteurs de la dot, quoiqu'il ne les ait pas poursuivis pour en obtenir le payement. Par exemple, lorsque la dot a été constituée volontairement, et à titre de donation, par un étranger qui ne devait rien à la femme, ou par son père, on ne peut pas faire un reproche au mari de ce qu'il n'a pas employé, contre le donateur ou contre le père, les voies de rigueur, pour les contraindre au payement de la dot constituée ( Les lois romaines en donnent deux raisons également sages : la première, que ces personnes n'auraient pu être condamnées sur les poursuites du mari, que jusqu'à concurrence de leurs facultés, et la seconde, qu'il serait contre la morale d'admettre la femme à reprocher au mari de n'avoir pas fait un procès à son père pour le contraindre au payement de la dot ( L. 35, D. de jure dot. ). Ce que nous venons de dire s'applique à la dot constituée en argent ou en rentes, créances ou obligations, ainsi qu'à la dot constituée immeubles, avec estimation, mais avec déclaration expresse que l'estimation en transporte la propriété au mari, et à celle constituée en argent, et pour le payement de laquelle le mari a accepté des immeubles; mais si la dot avait été constituée en immeubles non estimés, ou estimés sans déclaration expresse que l'estimation n'en fait pas vente, le mari ne serait obligé qu'à la restitution des immeubles dans l'état où ils se trouveraient lors de la dissolution du mariage, sauf l'action que la femme ou ses héritiers auraient contre lui pour raison des dommages causés par son dol ou par sa faute à ces immeubles.

Si un usufruit a été constitué en dot, le mari ou ses héritiers ne sont tenus, lors de la dissolution du mariage, qu'à restituer le droit d'usufruit, et non les fruits échus durant le mariage (Cod. civil, art. 1568), parce que, à moins que le contraire ait été stipulé, on doit penser que c'est le droit même d'usufruit qui a été constitué en dot, et non les fruits qui sont perçus, car il n'est pas vraisemblable que le mari, qui doit supporter les charges du mariage, ait consenti à accepter en dot un droit inutile (L. 7, § 2, D. de jure dot., L. 4, D. de pact. convent.).

Selon les lois romaines, le mari était obligé de restituer le produit des mines et carrières (L. 7, § 13, D. solut. matr.). Il faut décider aujourd'hui que ce produit ne doit pas être restitué, et qu'il fait partie des fruits de la dot; c'est ce qui résulte de l'art. 1403 du Code civil).

§ 4. — *Des impenses faites par le mari sur le bien dotal, et qui diminuent la dot de plein droit.*

Selon la disposition du Code civil (art. 1562), le mari est tenu, à l'égard des biens dotaux, de toutes les obligations de l'usufruitier; d'où on est autorisé à conclure qu'il doit être remboursé par la femme des dépenses qu'il a faites sur les biens dotaux, et qui ne seraient pas à la charge de l'usufruitier.

Les dépenses que la loi met au compte de l'usufruitier pendant sa jouissance, sont toutes les charges annuelles de l'immeuble ou héritage, telles que les contributions et autres qui, dans l'usage, sont censées charges des fruits (Cod. civil, art. 608).

L'usufruitier n'est tenu qu'aux réparations d'entretien; les grosses réparations demeurent à la charge du propriéfaire, à moins qu'elles n'aient été occasionnées par le défaut de réparations d'entretien, depuis l'ouverture de l'usufruit; et, dans ce cas, l'usufruitier qui a causé les grosses réparations par sa faute ou par sa négligence en est aussi tenu (Code civil, art. 605).

Ces principes sur les obligations de l'usufruitier, à l'égard des biens dont il a l'usufruit, s'appliquent exactement au mari qui possède les biens dotaux, et avec beaucoup de raison, puisque les droits du mari sur ces biens sont analogues à ceux d'un usufruitier.

Parmi les dépenses faites par le mari sur les biens dotaux, et qui ne sont pas à sa charge, quelques-unes méritent plus ou moins de faveur par leur objet, et il peut être utile de donner sur cette matière quelques règles qui sont d'un usage fréquent dans la pratique.

On distingue les impenses que le mari peut faire sur les biens dotaux en *nécessaires*, *utiles* et *voluptuaires*.

Les dépenses *nécessaires* sont celles que la nécessité prescrivait de faire, et qui, si elles n'avaient pas été faites, auraient entraîné la perte ou la détérioration de la chose; comme, par exemple, la construction d'une digue pour détourner un fleuve qui menaçait d'emporter l'héritage; l'étaiement d'une maison prête à s'écrouler; la plantation d'un verger à la place des arbres morts.

Suivant le Droit romain (l. 79, D. *de verb. sig.*, l. 14, D. *de impens. in res dot.*), les impenses nécessaires diminuaient la dot *ipso jure*, dans le concours de deux circonstances : premièrement, quand ces impenses étaient faites sur les biens dotaux; secondement, quand elles n'étaient pas du nombre des dépenses qui sont réputées être une charge des fruits; car c'est un principe généralement admis, que le mari est tenu, à ses frais, de faire la réparation des biens dotaux.

Ce qu'on dit que, d'après le Droit romain, les impenses nécessaires diminuaient la dot de plein droit, ne doit pas s'entendre en ce sens, que si c'est un fonds qui a été donné en dot, une partie cesse d'être dotale jusqu'à la concurrence de la valeur des impenses nécessaires; seulement, si la dot consiste partie en argent, partie en immeubles, l'argent est diminué d'autant; et s'il n'y a que des immeubles, le mari peut en retenir une partie, jusqu'à ce que les impenses nécessaires lui aient été remboursées.

Toutes ces décisions des lois romaines sont fondées sur la raison, et elles doivent être suivies aujourd'hui, avec cette différence, néanmoins, qu'en Droit français les impenses nécessaires ne diminuent pas la dot de plein droit, et que le mari ne peut retenir les immeubles dotaux, s'il n'a fait condamner la femme, par un jugement, à lui rembourser ses impenses, ou si le contrat de mariage ne contient la clause que le mari conservera la possession des biens dotaux, à titre de gage ou nantissement; jusqu'à ce que les impenses, qu'il a le droit de répéter contre la femme ou ses héritiers, lui aient été remboursées.

Les dépenses pour un procès relatif à la propriété des biens dotaux, sont des dépenses nécessaires, et il faut décider qu'elles diminuent aussi la dot; le contraire aurait lieu si ces procès n'avaient pour objet que la jouissance; dans ce cas, les dépenses du procès sont à la charge de l'usufruitier, et c'est ce qu'on doit dire du mari (Cod. art. 613).

Il faut remarquer que le mari n'est pas moins fondé à se faire rembourser les impenses nécessaires, quoiqu'elles n'aient pas tourné au profit de la femme par un événement imprévu.

Ainsi, lorsque le mari a fait des réparations nécessaires dans une maison appartenant à la femme, il doit en être remboursé, quoique la maison ait été brûlée quelque temps après. L'équité de cette décision du Droit romain ( l. 4, D. de impens. in res dot. fact. Leg. domos 58, D. de leg. 1°, l. 7, § ultim. D. sol. matr.), se découvre d'elle-même.

Les impenses utiles comprennent en général toutes celles, qui améliorent la chose et augmentent le revenu qu'elle produit ; comme, par exemple, si le mari a fait planter une vigne dans le fonds dotal, s'il y a fait construire une maison, un étang ou un moulin, et généralement toutes les dépenses ou réparations que la loi ne met pas à la charge de l'usufruitier, et qui accroissent pour toujours le revenu du fonds ; les impenses utiles faites sur les biens dotaux ne diminuent pas, en Droit romain, la dot de plein droit, comme les impenses nécessaises, mais le mari avait contre la femme lors de la dissolution du mariage une action pour les répéter. Justinien abrogea cette distinction des impenses.

Paul (dans la loi 8, D. de impens. in reb. dot. fact.), fait sur les impenses utiles faites par le mari sur le bien dotal, une observation très-judicieuse et qui peut encore être invoquée ; c'est que la femme est fondée à refuser au mari le remboursement de ces impenses dans le cas où elles auraient été faites sans son aveu, et où elle serait obligée pour les payer de vendre une partie des biens sur lesquels elles auraient été faites ; on conçoit, en effet, qu'il serait trop dur pour la femme d'être réduite à vendre une partie de ses biens pour payer des impenses, utiles à la vérité, mais qu'elle n'a pas approuvées ; il est prudent pour un mari qui fait des impenses considérables sur le fonds dotal, de prévenir ces difficultés en les faisant approuver par la femme.

On entend par *impenses voluptuaires*, celles qui ornent le fonds sur lequel elles sont faites sans en augmenter les revenus, comme sont des peintures, des bains ou des parquets dans une maison, des jets d'eau dans un jardin et autres choses semblables. Si ces impenses étaient faites dans un hôtel ou dans une maison que la femme n'habitait pas elle-même, mais donnait à loyer, de telles impenses, augmentant le revenu de l'hôtel ou de la maison ne seraient pas voluptuaires, mais utiles.

Le Droit romain ( v. l. 4, 79, § 2, 206, D. *de verb. sig.* ll. 10, 11, 9, D. *de impens. in reb. dot. fact.* ), n'accordait au mari aucune action contre la femme pour raison des impenses voluptuaires faites sur le fonds dotal même avec le consentement de la femme; on craignait avec raison que la femme ne se laissât trop facilement entraîner à consentir à des impenses onéreuses sans aucune utilité; mais dans le cas où la femme ou ses héritiers ne voulaient pas rembourser au mari les impenses voluptuaires, il avait la faculté de les enlever si elles pouvaient l'être sans détériorer le fonds, et si ce qu'il enlevait lui était de quelque utilité; autrement il ne le pouvait pas.

Lorsque ces impenses avaient augmenté la valeur du fonds, et que la femme le vendait, elle devait rembourser au mari la plus-value du fonds (V. l. 38, D. *de rei vendicat.*), parce qu'il est contraire au droit naturel que personne s'enrichisse au détriment d'autrui.

On demande sur quel pied les impenses doivent être estimées, ou sur le pied de ce qu'elles ont coûté, ou sur le pied de l'augmentation du prix de l'immeuble au moment où il y a lieu à la restitution de la dot.

Le Code ne donne, à cet égard, aucune règle, et on est réduit à s'aider de l'ancienne jurisprudence.

Dumoulin, sur l'article 12 du chapitre 8 de la *coutume de Montargis*, traitant de la récompense due au mari pour les impenses faites pendant le mariage sur le fonds propre de la femme, décide que cette estimation doit se faire suivant l'augmentation de la valeur de l'immeuble à l'époque de la dissolution de la communauté, et il fonde cette décision sur la loi *domos*, 58, D. *de legat.* 1, et sur l'opinion d'Alexandre sur cette loi. La coutume de Bourbonnais, dans son art. 272, contenait une disposition conforme à la décision de Dumoulin.

Il me semble que cette décision doit encore être suivie dans le régime de la communauté lorsqu'il s'agit des impenses faites sur l'immeuble ou héritage propre de la femme, parce que, d'un côté, si le mari a plus ou moins dépensé, c'est un profit ou une perte de la communauté pendant laquelle les impenses ont été faites, et que, d'un autre côté, si les impenses sont estimées au-dessous de ce qu'elles ont coûté, le mari en est dédommagé pour la jouissance qu'il a eue de ces impenses.

S'il s'agit des réparations ou impenses faites par le mari sur le fonds dotal de la femme, je crois juste de faire les distinctions suivantes :

Pour les impenses nécessaires, le mari a le droit de se faire rembourser sans aucune diminution, d'après les quittances des ouvriers ; pour les impenses utiles, celles dont les devis ont été signés et approuvés par la femme, doivent également être remboursées au mari sans diminution, et d'après ce qu'il justifie avoir payé. Quant aux impenses utiles non approuvées par la femme, je pense que le mari ne peut en réclamer que l'estimation, suivant leur valeur au temps de la dissolution du mariage.

———

## § 8. — *Du partage des fruits des immeubles dotaux lors de la dissolution du mariage.*

Les principes que les fruits de la dot sont accordés au mari pour lui aider à supporter les charges du mariage sert encore de règle pour décider les difficultés qui peuvent s'élever sur le partage des fruits des immeubles dotaux, à l'époque de la dissolution du mariage. Ce partage ne comprend que les fruits perçus ou à percevoir pendant la dernière année du mariage ; ceux que le mari a perçus pendant les années précédentes lui ont été irrévocablement acquis, en vertu du droit qui lui est donné sur les fruits des biens dotaux, et quelle que soit l'importance ou la valeur de ces fruits, comme, par exemple, la coupe d'un bois taillis ou la pêche d'un étang.

Lorsque les biens dotaux ne produisent pas des fruits naturels qui ne se recueillent qu'à une époque de l'année, mais des rentes ou des revenus, comme, par exemple, les intérêts des capitaux placés, ou les loyers ou fermages des maisons ou des fermes qui échoient jour par jour et qui se nomment fruits civils, ces fruits sont acquis au mari, pendant la dernière année, jusqu'au moment de la dissolution du mariage, et il n'y a sur ce sujet aucune difficulté.

Mais si l'immeuble donné en dot est une vigne dont la récolte se fait au mois de septembre, ou un pré qui se fauche au mois de mai, on demande si le mari doit profiter de toute la récolte de l'année, dans le cas où le mariage, qui n'a duré que deux ou trois mois, serait dissous peu de jours après la récolte. Et il y aurait lieu à la même difficulté, dans le cas où la dernière année du mariage, les fruits des biens dotaux auraient été ou non perçus par le mari. D'après le principe que le mari n'ayant droit aux fruits des biens dotaux qu'à proportion de la durée du mariage (Cod. civ., art. 1571), il s'ensuit que si le mariage n'a duré que quatre mois dans la dernière année, le mari n'a droit qu'au tiers des fruits, sans distinguer si la récolte a été faite avant ou après la dissolution du mariage.

Supposons, par exemple, qu'une femme se marie le 1er octobre, et apporte en dot une vigne, que le mari vendange peu de temps après ses noces ; le mariage étant dissous le 1er février suivant, le mari ou ses héritiers ne peuvent pas retenir la totalité de la récolte, mais seulement le tiers, le mariage n'ayant duré que le tiers de l'année.

De même, si le mariage était dissous avant que le mari eût perçu les fruits des immeubles dotaux, il aurait le droit de venir prendre dans ces fruits une portion égale au temps que le mariage aurait duré pendant la dernière année du mariage.

L'année ne commence pas au premier janvier, mais elle se compte du jour de la célébration du mariage. Ces décisions, qui résultent de la disposition de l'article 1571 du Code civil, sont conformes au Droit romain ( L. 7, § 1 et 2, D. sol. matr. ). Ce qu'on vient de dire du partage des fruits des immeubles dotaux, s'applique, par les mêmes raisons, aux fruits ou revenus des autres biens dotaux, comme, par exemple, au croît et à la laine d'un troupeau appartenant à la femme

Il peut arriver que, dans les biens de la femme, il s'en trouve qui produisent des fruits qui ne se perçoivent pas toutes les années, mais seulement tous les cinq ou tous les

dix ans, comme, par exemple, un étang ou un bois
taillis. Dans ce cas, la règle à suivre pour le partage de
ces fruits, qui ont été perçus lors de la dernière année
du mariage, ou qui ne devront l'être que les années suivantes, est le même que pour ceux qui se récoltent chaque
année. Le mari prend part dans ces fruits proportion-
nellement au temps que le mariage a duré. Ainsi, si la
coupe d'un bois taillis, qui fait partie des biens dotaux de
la femme, se fait tous les quinze ans, et que le mariage
ait duré trois ans, le mari aura le cinquième de la coupe
( voy. Coquille, quest. 155, conformément à la loi 7, § 7.
Dig. solut. matr. ).

Les fruits de la dernière année se partagent-ils sans
égard aux impenses faites pour la culture, et aux contributions dont les biens sont chargés?

C'est une maxime vulgaire, qu'il n'y a de fruits, à pro-
prement parler, que ce qui reste après avoir prélevé les
impenses, et, conformément à cette règle, il faudrait décider que les frais de culture doivent être prélevés avant le
partage des fruits des biens dotaux de la dernière année
du mariage. La dépense particulière, pour une espèce de
fruits ne s'impute pas seulement sur cette espèce, mais sur
toutes les autres. Par exemple, si l'année a été stérile, et
que la moisson n'ait pas fourni au mari suffisamment pour
se remplir de ses frais de culture et semence, il réduira le
surplus de ce qui lui manque sur la vendange. Telle est la
décision du jurisconsulte Paul ( dans la loi 8, § 1. D. sal.
matr. ). Néanmoins, on pourrait peut-être douter si le Code
civil n'a pas fait une exception à cette jurisprudence Ce
doute peut naître de ce que, dans le projet de l'art. 1571
du *Code civil*, il était exprimé que les fruits se partageaient
*déduction préalablement faite des frais de culture et de se-
mence.* Cependant, cette addition a été retranchée dans la

rédaction définitive de l'article, quoiqu'on apprenne, par le procès-verbal de la discussion du *Code civil* au Conseil d'État, que cet article y a été adopté tel qu'il a été proposé. Il est possible que la partie du projet qui a été retranchée ait été regardée comme superflue. Dans le silence de la loi, je crois qu'il faut s'en tenir au droit commun, conforme à l'ancienne jurisprudence.

On peut stipuler que le mari survivant jouira seul des fruits des biens dotaux perçus pendant la dernière année du mariage, et une telle stipulation a son effet sans difficulté ; il est même convenable de ne pas l'omettre, afin de prévenir les contestations qui pourraient s'élever entre le mari et les héritiers de la femme sur le partage des fruits.

# PARTIE COMPARATIVE

## Lois anciennes et modernes des nations européennes sur le mariage et la dot.

Le jurisconsulte, si toutefois il mérite ce nom, qui ne connaît que les lois en vigueur dans son pays, ignorant à la fois l'ancien droit de sa patrie et les législations en vigueur chez les autres peuples, peut être comparé à un voyageur condamné à demeurer sur un point du globe, ne sachant ni d'où il vient, ni où il est, ou bien à un marin qui ignore le degré de longitude et de latitude du point où se trouve son navire.

Pour connaître l'origine de la législation qu'il applique journellement, le jurisconsulte est donc obligé d'étudier les anciennes lois et coutumes : de là, l'utilité des études historiques pour assigner la place que les codes de son pays tiennent dans le rang des législations existantes, il doit étudier les lois des autres pays civilisés : de là, l'utilité de l'étude comparative des législations ; l'une nous apprend ce qui a existé avant nous, l'autre ce qui est à côté de nous.

### Droit Scandinave.

Les contrées septentrionales de l'Europe furent évidemment la pépinière et la résidence des peuplades germaniques que l'on voit se ruer sur le centre et le midi de l'Europe dans les premiers siècles de notre ère. Cette origine, indiquée d'abord par plusieurs traditions populaires, par des auteurs anciens comme Jornandes, Frédégaire et Paul Diaconus, rejetée plus tard à cause de son incertitude, se confirme aujourd'hui que des sérieuses études sur l'ancien droit des peuples Scandinaves ont constaté une ressemblance incontestable avec les anciens *us* et *coutumes* des peuples germaniques, que le monde civilisé salua du nom de Barbares à leur avénement sur la scène de l'histoire.

Les Scandinaves restés à l'abri du contact avec d'autres peuples, ont conservé plus longtemps la physionomie et l'esprit national de leurs coutumes, dont l'étude sert ainsi à expliquer et à compléter le peu de notions que nous possédons sur celles des Germains, à l'époque où ils n'avaient pas encore de lois écrites ; car, ce que César et Tacite nous ont conservé ne suffit pas pour en donner une idée complète, et quant aux premières lois rédigées par écrit, elles ont toutes plus ou moins subi l'influence de l'élément Romain.

Le mariage légitime devait être précédé de fiançailles et la femme devait être achetée de ses parents ; ce prix s'appelait *mundi* (le *mundium* des germains).

La concubine était considérée comme épouse légitime dès qu'elle avait cohabité trois ans avec le même homme. Cette loi du nord rappelait en quelque sorte *l'usus* des Romains.

Quant à l'origine de cette disposition particulière, il faut la chercher dans une transaction du législateur avec la répugnance que les Scandinaves éprouvaient pour les mariages selon le rite ecclésiastique, même longtemps encore après l'introduction du christianisme (v. Norman, p. 186, note).

C'est aussi, me paraît-il à ce même motif qu'il faut attribuer l'absence complète d'un régime matrimonial, au moins dans l'ancienne législation des peuples Scandinaves.

### *Ancien Droit des peuples Slaves* (1).

Les Slaves ont été connus dans l'antiquité pour un peuple des plus doux, franc, hospitalier et courageux (2).

La tradition établit que les Slaves, dans les premiers temps connus, enlevaient les filles pour les épouser, comme le faisaient tous les peuples dans l'état de barbarie.

C'est une forme de mariage que M. Michelet (3) dans son style poétique qualifie d'*héroïque*. Aujourd'hui encore, dans l'usage des pays riverains de l'Elbe, les personnes invitées à une noce y viennent armées, et font semblant

---

(1) Nous devons sur ce qui suit, *entre autre*, à l'ouvrage du savant professeur polonais A. W. Maciejowki, sur l'histoire du droit Slave : *Historia Prav'odawstw Słowiańskich* , Varsovie, 1832.

(2) Procop-Chroniqeur des Slaves dit :
« Ingenium ipsis nec malignum, nec fraudulentem, » et l'empereur Maurice : « Slavi sunt quoque adversus peregrinos benigni, magnoque studio servant incolumes, salvosque de uno loco in alium deducunt, quo necesse habent ; ut, et si per injuriam ejus, qui servare talem debet, accidat, ut damno peregrinus afficiatur, bellum ipsi inferat vicinus ejus, pietatem arbitratus, sic ulcisci peregrinum. »

(3) Origines du Droit français, introd., p. 18.

de ravir la fiancée pour son futur (1). On retrouve, dans l'histoire de plusieurs peuples slaves des traces de l'achat de femmes (2). Notre opinion est que cette coutume doit être d'une époque plus récente, puisque l'achat des fiancées ou des femmes, a suivi, chez les peuples non civilisés, leur enlèvement, comme le système des compositions ou *wehrgelder* a remplacé la vengeance privée.

Les auteurs admettent généralement l'existence de la polygamie chez toutes les nations slaves indistinctement, mais les plus distingués comme Szafarczyk et Maciejowski, ne l'admettent que chez quelques-uns de ces peuples, et notamment chez ceux qui habitaient les bords de l'Elbe et la Poméranie; chez les autres, les souverains seuls pouvaient avoir plusieurs femmes ainsi que cela se pratiquait chez les anciens Scythes et chez les anciens Germains.

Les anciennes chroniques donnent à ces femmes tantôt le nom de *uxores*, tantôt celui de *concubinæ* ou de *pellices* ( *ibid.* § 191 ).

Cette espèce de concubinat des rois ne se perdit pas même après l'introduction du christianisme. Selon les anciennes chroniques, les fils de ces concubines avaient le droit de succéder au trône à défaut d'enfants de l'épouse légitime. Mais l'histoire du droit Slave ne contient aucune trace d'un état de choses dans lequel les individus composant la nation auraient pu entretenir légalement des concubines, où dans lequel ces concubines ou leurs enfants auraient eu le moindre droit de succession *ab intestat*. Bien plus, les mariages dépourvus de la bénédiction ecclésiastique qui avaient été en usage chez tous les peuples Slaves, cessèrent d'être reconnus comme des

(1) Maciejowski, tom. ii, part. iii, § 189.

(2) Ewers, Das ælteste Recht der Russen, p. 226 et s.

unions légitimes, lorsque le pouvoir de l'Eglise eût acquis plus de force et de consistance.

Les lois polonaises excluaient également de toute succession paternelle les enfants nés de parents qui n'avaient point reçu la bénédiction dans l'Eglise, en sorte que les Polonais, au seizième siècle, avaient entièrement oublié l'ancien usage des nations Slaves de s'unir en mariage sans le concours de l'Eglise.

La légitimation par mariage subséquent des enfants nés hors mariage fut permise en Pologne à partir de l'an 1768. En Lithuanie, elle avait déjà été en usage beaucoup plus tôt, mais l'enfant ainsi légitimé restait exclu de la succession paternelle, quoiqu'il perdit la qualité de bâtard. C'était la mère qui, en cas de meurtre d'un bâtard, avait le droit d'exiger l'amende ou composition, et, en général, les enfants nés hors mariage étaient considérés comme des parents de la mère.

Les statuts de Lithuanie et les lois hongroises ne considéraient point comme bâtards les enfants nés de parents qui s'étaient unis en mariage sans connaître leur degré de parenté. Mais les enfants étaient illégitimes du moment que les parents avaient connaissance de cet empêchement. En Hongrie, le pape seul pouvait légitimer les bâtards (1).

Quant à la recherche de la paternité, il paraît y avoir eu à cet égard une grande licence qui, vers la fin du moyen âge, dut être réprimée en Pologne par des lois positives qui déterminaient la manière dont l'enfant devait prouver sa filiation légitime.

Le statut de Lithuanie permettait au père de désavouer un enfant, mais il fallait que ce fût immédiatement après sa naissance.

(1) Le cadre de notre travail ne nous permettant pas de ranger les peuples selon leurs races, nous avons rangé les Hongrois parmi les Slaves à cause de leurs traditions historiques avec les Polonais.

Quant aux rapports de fortune entre les époux, au moyen âge, la communauté n'était connue en Pologne que dans les villes régies par le droit allemand (*Bandtkie, prawo prywatne polskie-Warszawa*, 1851, p. 179).

Dans le célèbre statut de Lithuanie (*statut Litewski*), vrai monument de l'ancienne législation polonaise, nous trouvons le principe de la communauté des biens des époux dans un seul art. 21 (*statut* 3, art. 21, V. *Czacki o Polsce*, lit. *pr.*).

La noblesse regardait ce régime comme contraire à ses priviléges et à sa mission ; aussi la noblesse des provinces soumises à la domination prussienne renonça, vers la fin du XVIe siècle, à la communauté allemande, adoptant à sa place la dot polonaise (*Posag, wiano zapisy na przezycie*).

### Russie.

A partir du czar *Ivan Wasilevitch*, la loi russe ne reconnait d'autres mariages valables que ceux qui ont reçu la bénédiction dans l'église ; de toute autre union il ne peut sortir que des bâtards (*wybladok*),'

Les enfants nés d'une serve restaient dans le servage avec leur mère, et n'avaient aucun droit sur les biens de leur père.

La *Prawda Ruska*, qui était d'abord le droit municipal de la ville de *Nowogrod*, et qui devint plus tard le droit municipal de la Russie, maintient la dernière disposition, tout en changeant la première : selon la *Prawda Ruska*, ou plutôt selon ses additions postérieures, les enfants de la serve devenaient libres avec leur mère à la mort du père, mais ils n'avaient pas le moindre droit dans la succession paternelle. Les bâtards, ainsi que les femmes qui les mettaient au jour, étaient flétris par l'opinion publique chez les anciens Russes. La seule injure verbale spécifiée et jurée dans le *Ugloschenie* (Code du czar Alexis Michaïlowitch, de l'an 1649) était la qualité de bâtard donnée à des individus qui ne l'étaient pas.

Ce même Code était si dur envers les enfants illégitimes, qu'il défendait même leur reconnaissance et leur légitimation par mariage subséquent ; avant comme après cette union, ils étaient exclus de la succession paternelle. (D. Gouroff, *Recherches sur les enfants trouvés*. Paris 1839, t. 1, p. 112).

En Russie, la légitimation par mariage subséquent est contraire à la législation existante, comme aux anciennes lois ; mais la légitimation par rescrit émané du pouvoir suprême existe et donne tous les droits de succession de l'enfant légitime.

### Ancien droit germanique.

Les anciens Germains, soit par une conséquence de leur nature, soit à cause de la stérilité de leur sol et de la dureté de leur climat, n'avaient, en général, qu'une femme légitime, et la polygamie n'existait que pour les chefs ou nobles (Tacite, *de mor. Germ.*, ch. 18). Cependant, on ne saurait douter que des concubines n'aient existé à côté de ces femmes légitimes ; l'ancien droit Scandinave nous en est garant. (Voy. Grimm, *Antiquités allemandes*, p. 440.)

Le principe fondamental du droit germanique, c'est que l'enfant né d'une union illégitime est considéré comme un étranger. Ne faisant partie ni de la famille du père ni de celle de la mère, l'enfant naturel n'a, par conséquent, dans l'une ni dans l'autre, aucun droit de succession ; comme dans le système de la loi des Douze-Tables, il n'est pas même on la garde paternelle (*in mundio*). Les anciens Saxons, dont la population se divisait en quatre classes, les nobles, les ingénus, les affranchis et les serfs (V. Eginhard, chez Adam Bremens, *Hist. eccles.*, l. 1, cap. 4), tuaient l'individu qui avait épousé une femme d'un rang plus élevé que le sien. Chez les Bourguignons, l'ingénu subissait la même peine. (*Leœ Burg.*, t. xxxv, §§ 2, 3).

Selon la loi des Francs-Saliens, la femme ingénue qui suivait volontairement un serf du roi ou un *lite* (*litus*), perdait son rang de femme ingénue. (*Leœ Sal.*, t. xiv, § 7), et l'homme libre qui s'était marié à une serve étrangère devenait serf avec elle.

La loi des Francs Ripuaires s'occupe, avec un soin tout particulier, des unions entre personnes de conditions inégales.

L'ancien droit des Frisons (*leœ Frisonum*, t. vi) permettait à la femme libre qui avait épousé un *litus* ou colon, croyant que c'était un homme libre, de jurer qu'elle n'avait plus de relations avec lui après avoir connu sa condition, et en ce cas, elle et ses enfants demeuraient libres ; mais si elle ne pouvait jurer, elle suivait avec ses enfants la condition de son mari.

Dans la loi des Allemands (t. lvii), il est dit, que si un père laisse pour héritières deux filles dont l'une a épousé un colon et l'autre un homme libre et de condition égale, la terre paternelle n'appartient qu'à cette dernière, et que l'autre ne prend part que dans le reste de la succession.

Une des lois barbares les plus explicites à l'égard du sujet qui nous occupe, est la loi des Bavarois ; elle prononce l'exclusion formelle des fils nés d'une mère de condition inégale, de la succession paternelle, et les recommande seulement à la pitié de leurs frères (*Leœ Bajuvar* T. xiv, cap. 8.).

La loi des Visigoths prononçait des peines fort graves contre les mariages entre personnes de condition inégale.

La femme ingénue, qui se mariait avec son serf ou son affranchi, était flagellée publiquement, devant le juge, avec son mari, puis on les brûlait vifs tous les deux; leurs enfants n'avaient aucun droit de succéder. (*Lex Visigoth*). Si la femme ingénue s'était unie à un serf (l. III, tit. II, § 2) d'autrui, elle recevait cent coups de fouet ; et, après avoir subi trois fois cette peine, elle était renvoyée à ses parents.

Les formules et les capitulaires, imbus des doctrines du droit romain et de l'église, ne pouvaient être que favorables aux enfants naturels. Cette tendance ressort plutôt de l'esprit général des formules et des capitulaires, que des textes, cependant, la formule 52 de l'appendice de Maroulfe cite une ancienne loi et coutume d'après laquelle il est permis au père d'instituer ses enfants naturels héritiers universels, à défaut de descendants légitimes, et donne la formule à employer en ce cas. Cette *gesta lex et consuetudo* ne saurait être que le droit romain, car le droit franc ne donnait certainement pas la même faculté. Il résulte encore de la même formule, que l'existence de la *chartola dotis*, c'est-à-dire de l'écrit qui assurait un douaire à la femme, était en ces temps le caractère distinctif d'un mariage légitime, car le père s'y plaint que le temps et les circonstances l'aient empêché de faire la constitution du douaire *(chartolam libelli dotis)*, et que ses enfants soient ainsi illégitimes *selon la loi.* (Cette loi est le Capitulaire 133 du sixième livre des Capitulaires).

À l'instar du pouvoir spirituel, le pouvoir temporel de ces temps était obligé de souffrir l'existence du concubinat; mais cette union était vue d'un œil défavorable (Capit. liv. VII, 60), et l'enfant de la concubine n'avait point de droit de succession *ab intestat.* Le Capitulaire 463 du septième livre contient des préceptes concernant le mariage légitime.

Le Capitulaire 410 du sixième livre défend aux enfants
incestueux d'hériter, et déclare infâmes le père et la mère.


*Communauté et régime dotal en Allemagne.*


La coutume de doter les filles en se mariant remonte à
l'antiquité la plus reculée chez les *Germains*. L'usage de
la dot a eu deux objets : d'abord de protéger le mariage et
ensuite de rendre les hommes plus libres dans le choix de
leurs femmes, et de mieux contenir celles-ci dans leur
devoir ; car plus une femme est riche, moins ordinairement
elle est soumise à son mari, *Dotatæ mactant et malo et
damno viros* (Plaute).

La source de la communauté des biens dotaux en Allemagne est très-controversée par les savants, les uns s'ap-
puyant sur le témoignage de César, lui donnent une origine
Celtique (Cæs., com. de bello Gal. vi, 20 ; Pardessus,
mémoires sur l'origine des coutumes contre MM. Humbert,
Tardif). D'autres auteurs cherchent cette origine dans le
Digeste de Justinien (L. 16, § 3, D. 34, 1).

Enfin, quelques célèbres savants allemands soutiennent
l'origine germanique de la communauté, affirmant qu'elle
était l'émanation naturelle et la conséquence logique du
*mundium.* (Zœpfl., Elément germanique dans le Code civil,
R. etr., et fr. de l. et de jur. 1852, n. 3 ; Mittermayer,
Grundsaetze des gemeinen deutschen Privat-Rechts,
§ 385, 6 ; Eichorn, Deutsche-Staats und Rechts-
Geschichte, iii, § 451.)

Si la seconde de ces opinions n'a jamais trouvé aucun
crédit, et n'a pas même fait l'objet d'une discussion sé-
rieuse, au contraire la dernière, par l'autorité scientifi-
que de ceux qui l'ont embrassée, a produit plusieurs

études brillantes sur l'origine germanique de la communauté (V. Histoire du régime dotal et de la communauté en France, par M. Ginoulhiac, Paris 1842). Le christianisme, élevant le mariage jusqu'à la dignité de sacrement, modifia le principe du *mundium*, d'après les règles duquel la famille de la femme mariée sans l'achat, sans *pretium nuptiale*, pouvait la revendiquer chez le mari comme sa propriété, et marquer les enfants nés de ce mariage de l'empreinte de bâtardise (Laboulaye, *Recherches sur la condition civile et politique des femmes*, p. 83).

# DROIT MODERNE.

---

## Sur les rapports de fortune en Allemagne

Quant au sujet des biens dotaux de nos jours, l'Allemagne possède une quantité de lois différentes. En Allemagne, presque chaque ville de quelque importance a son régime dotal particulier.

Mais toutes ces législations s'approchent plus ou moins de l'un ou l'autre des trois grands systèmes sur la dotalité; savoir :

Système dotal romain ;

Système de la communauté des biens;

Système de l'union des biens.

Les deux derniers sont d'origine germanique : le système de la communauté des biens est en vigueur dans la Franconie, dans les états de Thuringe; partiellement dans quelques endroits des deux Hesses et du Hanovre. Le système de l'union des biens régit la Saxe, les anciens évêchés qui entourent ce pays, et qui ont été sécularisés au commencement de ce siècle, les villes anséatiques, etc.

Le système de la communauté de biens est *général* ou *partiel.*

Le premier consiste dans la communauté de tous les biens des deux époux; le second, comme le mot en donne l'explication, dans la communauté d'une partie des biens

9

des époux; en général, de tout ce qu'ils gagnent durant le mariage (die errungenschafts gemeinschaft) et des biens meubles qu'ils apportent dans le ménage.

Cette dernière communauté renferme donc :

*a* Tout ce que les époux gagnent durant le mariage ;

*b* Les fruits des biens réservés à chacun des époux (p. ex., des terres appartenant au mari ou à la femme);

*c* Toute acquisition, soit par succession, donation, etc.;

*d* Tous les biens meubles, comme obligations, rentes, etc.

Enfin, dans quelques États, dans les pays de l'ancienne Saxe électorale, d'après le Code civil de Prusse, il existe un usufruit du mari (*usufructus maritalis*) sur les biens de la femme durant le mariage.

Le système de l'union des biens (Gutereinheit system) prescrit que la fortune entière de la femme est transmise au pouvoir du mari, c'est-à-dire, que le mari en a la possession ainsi que l'administration, mais que la femme en garde la propriété : donc les créanciers de la femme, antérieurs au mariage, ont un privilége sur les biens personnels de la femme.

Le mari a le droit d'employer les biens meubles au profit du ménage en cas de besoin ; quant aux immeubles, il lui faut le consentement de sa femme.

Ce dernier système se distingue de l'usufruit marital, duquel il se rapproche par la ressemblance suivante : Selon la loi qui régit l'usufruit marital la femme à la libre disposition de ses biens, pourvu qu'elle ne porte pas préjudice à l'usufruit du mari (p. ex., en le diminuant sans son consentement.).

Selon le système de l'union des biens, la femme n'a, durant le mariage, aucune disposition de ses biens. Reste le système dotal romain qui existe avec quelques modifications en Autriche et en Bavière.

Quant à l'aliénabilité du fonds dotal, le Code autrichien l'a autorisée d'une manière absolue.

## Italie (1).

En matière du contrat de mariage, le Code italien ne reconnaît pas de régime légal et les jurisconsultes se sont placés, et avec raison, *sur le terrain neutre de la liberté* (2).

Le Code italien, en conséquence, s'est borné à organiser deux régimes, le régime dotal et le régime de la communauté. Mais l'un et l'autre ne pourront jamais être que conventionnels; il n'existe pas de régime légal.

La dotalité a été réglée par le Code italien d'après les règles du Code civ. français; seulement, les termes de la loi ne laissent plus de place à la controverse sur le point de savoir si la dot mobilière est ou non aliénable.

D'après le Code italien, une femme ne peut s'obliger, dans l'intérêt de son mari, sans l'autorisation de la justice. Mais il faut distinguer parmi les engagements contractés par la femme italienne, ceux qu'elle souscrit pour son propre compte, qui sont valables, bien que dépourvus de l'homologation judiciaire, et ceux qu'elle forme dans l'intérêt et sous l'influence de son mari, qui, au contraire, faute d'homologation, sont nuls dans leur principe et restent nuls à toujours, puisque la femme était incapable de les contracter (3).

Quant à l'inaliénabilité des biens dotaux, le Code napolitain a dérogé aux principes rigoureux du droit romain

(1) Voy. le remarquable travail de notre savant maître M. Théophile Huc, intitulé : le Code civil Italien et le Code Napoléon. — Paris 1868, Cotillon. — Voy. aussi ma traduction du Code civil Italien de M. le Sénateur Romuald de Hube. Toulouse, 1869.

(2) Déclaration de M. Vacca devant le Sénat.

(3) Voy. M. Gidé, loc. cit. p. 10.

toutes les fois que les époux ont stipulé dans le contrat de mariage la possibilité d'aliéner.

Les Codes de Parme, de Modène et de Sardaigne, au contraire, ont prohibé l'aliénation. Le nouveau Code italien a pris un terme moyen : en principe, il n'admet pas que les biens dotaux soient détournés du but auquel ils sont destinés. Mais comme il fait dépendre la constitution de dot de la volonté des parties ; il les autorise à stipuler la possibilité d'aliéner ; de plus, il admet que, même sans stipulation, les biens dotaux peuvent être aliénés dans les cas de nécessité ou d'utilité évidente ; mais sous condition que cette aliénation soit consentie par le mari et la femme et autorisée par la justice ( art. 1404 et 5 ).

De cette manière le nouveau Code italien satisfait tous les intérêts et toutes les exigences.

Les biens de la femme non constitués en dot sont paraphernaux ( art. 1424 ).

L'administration des biens dotaux durant le mariage appartient au mari seul ( art. 1399 ); celle des paraphernaux appartient à la femme ( 1426 ).

La femme peut stipuler qu'une partie des revenus dotaux doit lui être payée, chaque année, pour ses dépenses personnelles ( art. 1399 ).

Toutes les conventions matrimoniales doivent être rédigées par un acte notarié.

Le régime de la communauté légale n'a pas été aussi libéralement réglé que le régime dotal.

Selon l'article 1433, il est défendu aux époux d'établir par leur contrat de mariage une communauté universelle, si ce n'est pour le profit.

Si les époux se bornent à déclarer qu'ils adoptent le régime de la communauté sans entrer à cet égard dans aucune réglementation de détail, il faudra appliquer les règles du contrat de société ( art. 1434 ). Mais, dans tous les cas, il leur est interdit de faire tomber en communauté quoi que ce soit de leur actif ou passif présent, ni rien de ce qui peut leur advenir par succession ou donation durant la communauté. De là la communauté se trouve forcément réduite aux fruits de tous les biens meubles ou immeubles, présents et futurs, et aux acquêts réalisés pendant sa durée ( art. 1435 et 6 ).

En matière de séparation de biens, soit dans le cas de régime dotal, soit de communauté, le Code italien n'a pas dérogé beaucoup aux principes du Code civil français.

Comme l'effet du système de la séparation des biens est que ces biens, après la dissolution du mariage, retournent aux personnes auxquelles ils appartenaient et à leurs successeurs, le Code italien, guidé par ces motifs, pour dédommager les époux d'une autre manière, accorde à l'époux survivant une portion héréditaire dans la succession de l'époux prédécédé.

Par ces mesures, la destinée du conjoint survivant est beaucoup mieux garantie que dans le Code français.

# POSITIONS.

---

## DROIT ROMAIN.

I. Le mariage n'était pas à Rome un contrat réel, il se formait *solo consensu.*

II. En matière de délégation la règle générale est : *delegatarius sequitur nomen delegati,* sans distinguer si la délégation est pure et simple ou conditionnelle.

III. Lorsqu'au pacte est ajouté *in continenti* à une stipulation, il peut valablement augmenter ou diminuer l'obligation.

IV. Lorsque la femme se laisse déléguer par son mari au créancier de celui-ci, peut-elle opposer à ce créancier le sénatus-consulte Velléien ? — Oui, selon Africain (L. 17, D. ad. S. C. Vell.). Non, selon Marcellus (L. 8, § 2, D. cod.).

## DROIT FRANÇAIS.

I. Les enfants conçus d'une union incestueuse ne peuvent jamais être légitimés.

II. Sont légitimés les enfants nés d'un mariage annulé plus tard pour bigamie ou inceste, pourvu que le père ou la mère ignorât cet empêchement; la bonne foi de l'un des époux suffit pour assurer l'état de ses enfants.

III. Les enfants naturels ne peuvent être adoptés.

## HISTOIRE DU DROIT.

I. La puissance maritale en droit coutumier tire son origine du *mundium* Germanique.

II. En droit contumier la femme *serve* n'était pas soumise à la puissance maritale.

## DROIT COMMERCIAL.

I. Les associés commanditaires ne sont pas tenus *directement*, vis-à-vis des intérêts sociaux.

II. Les commanditaires qui touchent annuellement des bénéfices provenant de leur association, ne sont pas tenus, si la société vient à éprouver des pertes, de rapporter les parts de bénéfices qu'ils ont antérieurement perçues.

## DROIT ADMINISTRATIF.

I. L'interprétation d'un acte administratif, peut appartenir à l'autorité judiciaire, lorsqu'il s'agit d'une question de propriété.

II. L'appréciation des dommages permanents résultant de l'exécution des travaux d'utilité publique, est de la compétence des tribunaux administratifs.

## DROIT CRIMINEL.

I. Une personne acquittée par le jury ne peut pas, à raison du même fait qualifié d'une façon différente, être poursuivie au correctionnel.

II. Le complice n'est pas passible de l'aggravation de peine résultant d'une qualité personnelle à l'auteur du crime ou du délit.

## PROCÉDURE CIVILE.

I. L'exception *judicatum solvi* doit être présentée même avant l'exception d'incompétence.

II. L'incompétence des tribunaux civils pour connaître des contestations placées dans les attributions des tribunaux de commerce est une incompétence *ratione personæ*.

Vu par le *Président de la Thèse*,

G. HUMBERT.

Vu par le *doyen de la Faculté*,

DUFOUR.

Vu et permis d'imprimer :

*L'Inspecteur d'Académie, chargé des fonctions de Recteur,*

VIDAL-LABLACHE.

# TABLE DES MATIÈRES.

## DROIT FRANÇAIS MODERNE.

## PARTIE COMPARATIVE.

## DROIT MODERNE.

Toulouse, Impr. Douladoure; Rouget frères et Delahaut, success", rue St-Rome, 39.